Michaela Marx

NIX BLEIBT ÜBRIG

Mit über 100 Rezepten Obst und Gemüse komplett verwerten

AF642676

INHALT

RESPEKTVOLL MIT RESTEN UMGEHEN

Es gibt viele Gründe, Reste zu verwerten – sie sind es einfach wert. Blätter, Stiele, Wurzeln und Blüten von Obst und Gemüse gehören nicht in die Biotonne. Reste werten unser Essen auf, Fachleute nennen sie auch „Second cut“: Zuerst wird das eigentliche Obst oder Gemüse verwendet, im zweiten Schritt werden die Reste in Szene gesetzt.

RESSOURCEN SCHONEN

→ Pflanzen sind vitale, mit großer Sorgfalt hergestellte Lebensmittel. Ihr Anbau kostet Energie, Wasser, Know-how und Arbeitskraft. Deshalb gehören auch die Reste von Pflanzen nicht den Abfall.

KREATIVITÄT IN DER KÜCHE

→ Nutze deine Fantasie und Kreativität bei der Verwertung von Pflanzenresten in der Küche und stelle dir die Frage: „Was kann ich daraus noch machen?“ Das macht das Kochen spannend und die Gerichte abwechslungsreich.

WERTVOLLE INHALTSSTOFFE

→ Gemüse und Obst besitzen sehr wertvolle Inhaltsstoffe, die in hoher Konzentration auch in den Blättern, Wurzeln und Schalen oder unmittelbar darunter stecken. Diese sekundären Pflanzenstoffe machen den Geschmack, aber auch die positive, heilende Wirkung auf den Körper aus.

REPERTOIRE ERWEITERN

→ Die Ideen zur Resteverwertung erweitern das persönliche Koch-Repertoire. Viele Rezepte sind universell und auf mehrere Restesorten übertragbar. Es gibt wahre „Resteverstecke“, die je nach verwertetem Rest anders schmecken.

KLUGE KÜCHENLOGISTIK

→ Damit nichts übrig bleibt, wird die Fähigkeit zu planen herausgefordert. Abläufe werden verzahnt, man denkt beim Einkaufen voraus, plant gleich mehrere Gerichte und bezieht auch die Reste mit ein. Oder der Backofen wird voll ausgenutzt.
Mit Umluft kann man alle drei Ebenen gleichzeitig verwenden, die Nachwärme lässt sich gut zum Trocknen nutzen.

NACHHALTIGE GESCHENKE

→ In der Leaf-to-Root-Küche bleibt schon mal eine Portion oder ein Gläschen übrig. Das eignet sich als kleines Geschenk oder ist ein willkommenes Mitbringsel bei der nächsten Einladung. Welche Rezepte sich gut verschenken lassen, sind mit einem Symbol markiert.

DIE TEMPERATURANGABEN IN DEN REZEPTEN BEZIEHEN SICH AUF EINEN MIT UMLUFT BETRIEBENEN BACKOFEN. FÜR EINEN BACKOFEN MIT UNTER-/OBERHITZE EINFACH 20 °C DAZURECHNEN.

RESTEKÜCHE IN DER PRAXIS

Wer hätte gedacht, dass sich Reste so vielfältig verwerten lassen? In diesem Buch findest du Spannendes, viele Leckereien und manches zum Spielen. Ziel ist es, eine neue Sichtweise auf die Reste zu entwickeln. Fast alle Obst- und Gemüseteile haben Potenzial. Etwas daraus zu machen, ist eine Herausforderung, es geht um kreative Ideen. Geschmack und Konsistenz einer Gemüseart können ganz verschieden zur Geltung gebracht werden: als Rohkostsalat, Suppe, Quiche, Tempura, milchsauer eingelegt sowie als Färbe- oder Putzmittel.

Warum Reste verwerten?

Auf der Erde gibt es alles, was Leben möglich macht. Wasser, Sauerstoff und klimatische Verhältnisse lassen den Anbau von Nahrungspflanzen selbstverständlich und unkompliziert erscheinen. Alles scheint im Überfluss vorhanden, Obst und Gemüse jeglicher Art gibt es zu jeder Zeit. Sauberes Wasser, reine Luft und fruchtbarer Boden sind wertvolle Güter, aber sie stehen nur begrenzt zur Verfügung. Der Mensch muss sie achten und mit einem nachhaltigen Lebensstil dafür sorgen, dass auch für nachfolgende Generationen noch genug Ressourcen übrig bleiben.

Viele Trends zeigen schon in die richtige Richtung, etwa die Kampagne „From Nose to Tail" (von der Nase bis zum Schwanz). Sie weist darauf hin, dass ein Tier nicht nur aus Filetstücken besteht und regt an, auch die übrigen Stücke zu essen. Auch Pflanzen werden in dieses Konzept einbezogen. „From Leaf to Root" (vom Blatt bis zur Wurzel) fordert auf, sich mit allen Pflanzenteilen zu beschäftigen und diese am besten restlos in die Ernährung einzubauen. Das ist eine tolle Möglichkeit, den wertvollen pflanzlichen Nahrungsmitteln Respekt zu zollen. Gemüse und Obst sollten keine Geringschätzung erfahren und gleich beim kleinsten Makel im Abfall landen. Wissen ist gefragt, wie sich Schalen, Stiele, Wurzeln und Blätter in leckere Gerichte verwandeln lassen. So entsteht ein riesiges, neues Repertoire an Verwendungsmöglichkeiten für Reste.

Die Verwertung von Resten passt zu einem modernen, nachhaltigen Lebensstil. Sie ist ein persönlicher Beitrag, den jeder täglich leisten kann. Die Verbraucher können bewusst entscheiden: saisonal, regional, Bio und dann noch „From Leaf to Root". Zudem spart das Resteverwerten Geld. Aus wenigen einfachen Lebensmitteln kann man viele leckere Gerichte zaubern. Dass es Reste sind, mindert die Qualität der Mahlzeit nicht.

Meine Rezepte sind als Grundgerüst zu verstehen, bei denen die Zutaten austauschbar oder kombinierbar sind, ebenso die Mengen. Sind beispielsweise nur zwei Kartoffeln und Radieschen im Haus? Dann gibt es Kartoffelschalen-Chips (Seite 72) und als Hauptgericht Radieschenblättersuppe (Seite 66) mit Radieschensalat. Das schmeckt lecker und

WER MIT VORHANDENEN ZUTATEN UND RESTEN KREATIV KOCHT, SPART SICH VIEL STRESS. OHNE GROẞEN EINKAUF STEHT DAMIT RASCH EIN SELBST GEKOCHTES GERICHT AUF DEM TISCH.

macht satt. Ich unterscheide zwischen zwei verschiedenen Sättigungszuständen: Einfach satt, weil man genügend Essen, egal welcher Art, aufgenommen hat (typisches Gefühl nach Junkfood in der Mittagspause) oder das „glückliche" Satt, nachdem man Selbstgekochtes aus tollen Zutaten verspeist hat. Das ist Essen für die Seele. Wenn dann auch noch die Zufriedenheit entsteht, alles sinnvoll verwertet zu haben, steigert sich dieses Gefühl in „nachhaltig, glücklich, satt".

Welches Obst und Gemüse verwerten?

Die verwendeten Früchte und Gemüse sollten aus dem eigenen Garten oder aus ökologischem bzw. Bio-Anbau stammen. So ist man beim Verwerten der Schalen etc. sicher, keine Schadstoffe aufzunehmen. Trotzdem ist nicht alles verwertbar. Die Verbraucherzentralen (s. Seite 125) bieten Informationen über die Bedenklichkeit oder Unbedenklichkeit bestimmter Nahrungsmittel. Aufgrund solcher Informationen habe ich keine Avocadokerne aufgenommen. Aber auch der Hinweis, dass die Schalen alter Kartoffelsorten Inhaltsstoffe enthalten, die man besser nicht essen sollten, führt zu meiner Empfehlung, gängige moderne Kartoffelsorten zu kaufen. Sie können samt Schale verzehrt werden.

Welche Pflanzenteile sind interessant?

Manchmal sind pflanzliche Reste sehr faserig und damit ungenießbar. Hier helfen Tricks: Kochen, dünsten oder auch milchsauer einlegen verändern die Konsistenz und machen Fasern weicher und damit essbar. Interessant sind in erster Linie Obst und Gemüse, bei deren Verarbeitung viele Reste anfallen. Schalen, Wurzeln, Strünke, Blätter

ZUR ZUBEREITUNG

Folgende Techniken machen derbe und faserige Pflanzenteile wie Schalen, Strunk, Kerne, Blätter oder Wurzeln genießbar.

- **Mixen und Pürieren:** Mit einem leistungsstarken Mixer oder Pürierstab lassen sich faserreiche Obst- und Gemüseteile sehr fein zerkleinern.
- **Trocknen und Pulverisieren:** Pflanzenteile werden bei rund 50 °C im Backofen, auf dem Kachelofen oder im Dörrgerät getrocknet und dann im Mixer zerkleinert. Alternativ wird rohes Gemüse mit einer Öl-Gewürz-Mischung bestrichen und knusprig getrocknet.
- **Dämpfen:** Wasserdampf macht Fasern weich. Dafür erhitzt man wenig Wasser in einem Topf, hängt ein Sieb mit den Pflanzenteilen hinein und gart sie im aufsteigenden Dampf.
- **Dünsten:** In einer Pfanne mit wenig Öl oder Fett gedünstet, werden Obst- und Gemüseteile weich und schmackhaft.

- **Passieren:** Zum Abtrennen der harten Fasern vom weichen, essbaren Material, passiert man Gekochtes oder Gedämpftes durch eine Passiermühle mit feiner Scheibe. Alternativ kann man die Masse mit einem Kochlöffel durch ein feines Sieb streichen.
- **Kochen:** Beim Kochen von Pflanzenteilen in heißer Flüssigkeit treten ihre (meist hitzestabilen) Inhaltsstoffe in die Flüssigkeit über. Der Kochsud kann danach mit Gelatine, Agar oder Pektin gefestigt werden.
- **Milchsauer einlegen:** Fermentieren ist eine traditionelle Methode, um Gemüse haltbar und verträglicher zu machen. Bakterien erledigen diese Vorgänge.

und Stiele, die bisher keine Verwendung finden, sind das große Thema in diesem Buch. Es gibt einige Kandidaten, die viele „Reste“ mit sich bringen. Deshalb nehmen Kartoffeln, Wassermelonen und Zitronen in den Rezeptkapiteln mehr Platz ein. In zweiter Linie interessant sind einfach Reste, zu viel Gekauftes, eine halbe Paprika hier und ein halber Salatkopf dort. Auch dafür gibt es viele Ideen, z. B. die köstliche Shakshuka (Seite 43), in der sich viele Reste unterbringen lassen. Nicht im Sinne des Erfinders wäre es, einzukaufen, um einen Grundstock für Resterezepte zu haben. Das hat mit Nachhaltigkeit nichts zu tun.

Was kann nicht verarbeitet werden?

Reste haben manchmal schon Tage auf ihre Verarbeitung gewartet. Haben sich faulige Stellen oder hat sich Schimmel gebildet, ist es Zeit, den Regenwürmern einen Gefallen zu tun. Auch ein Biokomposter ist eine nachhaltige Einrichtung, denn mit den zersetzten Biostoffen lässt sich der Gartenboden aufwerten. Einfache Druckstellen oder welke Blätter können natürlich entfernt und die übrige Pflanze verwendet werden. Überlegtes Einkaufen hilft auch hier, weiterhin Gemüse und Obst nicht Kälte oder Hitze auszusetzen, nichts daraufzustellen und zu Hause richtig zu lagern.

Was sollte im Vorrat sein?

Einige Grundzutaten sollten immer im Vorrat sein: Öl, Salz, Pfeffer, Zucker oder Honig, Mehl, Brühe, Eier, Butter, Käse, Kartoffeln, Zwiebeln, Knoblauch und Zitronen. Mit diesen Basics und frischem Obst oder Gemüse lassen sich abwechslungsreiche Gerichte zubereiten. Die Rezepte im Buch sind einfach, vieles kann auch portionsweise tiefgekühlt werden.

OBST

Obst ist immer ein Genuss – als Zwischenmahlzeit, Dessert oder kleine Pause.
Das lustvolle Naschen direkt vom Baum gehört zu den schönsten Sommererlebnissen.
Beim Einkochen fallen dann Schalen, Kerngehäuse und Kerne in großer Menge an.
Auch hierfür gibt es kreative Lösungen.
Meine ganz besonderen Lieblinge sind Rezepte mit Bananenschalen!

APFELSCHALEN-SHAMPOO

Selbst die Reste von Äpfeln enthalten noch Vitamine, Mineralstoffe und viele pflegende Pflanzenstoffe, die der Haut guttun. Dieses Shampoo (frei nach Gabriela Nedoma) mit rein natürlichen Zutaten reinigt und pflegt Haare, Haut und Hände.

Zubereitungszeit: 30 Minuten
Für ca. 4 Flaschen (à 200 ml)

- Apfelschalen und Kerngehäuse von 2 reifen Äpfeln
- 500 ml Wasser
- 400 ml Bio-Shampoogrundlage

- Die Apfelreste klein schneiden. Mit dem Wasser in einen Topf geben, aufkochen und 10 Minuten köcheln lassen. Danach pürieren und die Masse durch ein Sieb streichen. Das Apfelmus abkühlen lassen.
- Das abgekühlte Apfelmus dann mit der Shampoogrundlage verrühren. In vier Shampoo-Flaschen füllen und kurz durchschütteln. Ca. 1 Jahr haltbar.

FRUCHTIGER ESSIG

Ein guter Essig gehört zu den Basics jeder Küche. Aber er muss nicht pur bleiben, sondern kann auch mit Schalen und übrigen Obststücken aromatisiert werden. So wird er zum Resteversteck – und hübsch verpackt zu einem feinen Geschenk aus der Leaf-to-Root-Küche.

Zubereitungszeit: 15 Minuten
+ 4 Wochen Ziehen
Für 3 Flaschen (à 500 ml)

- 1,5 l Apfelessig
- 100 g Apfelreste (Schalen, Kerngehäuse, Stücke aus den Pausenboxen)

Außerdem:

- 1 verschließbares Glas (ca. 2 l)

- Den Essig in das Glas füllen. Die Apfelreste in ca. 1 cm große Stücke schneiden und in das Glas geben (das kann auch an verschiedenen Tagen sein). Das Glas verschließen und den Essig an einem hellen Platz ca. 4 Wochen ausziehen lassen.
- Danach durch ein Sieb abgießen. Den Fruchtessig in drei sterilisierte Flaschen füllen und verschließen. Ca. 1 Jahr haltbar.

TIPP: Der Essig lässt sich auch mit Fruchtresten von Birnen, Aprikosen, Nektarinen, Himbeeren oder Erdbeeren herstellen.

TIPP: DURCH DAS BENUTZEN VON NACHFÜLL-BEHÄLTERN ERSPARST DU DIR UND DER UMWELT JEDE MENGE KUNST-STOFFMÜLL!

ZWETSCHGENKERNLIKÖR

Zwetschgenkerne enthalten Blausäureglykoside. Diese verwandeln sich in einem Abbauprozess in Bittermandelöl. Mit diesem Wissen lässt sich mit den Kernen ein Natur-Amaretto ansetzen, der unvergleichlich schmeckt.

Zubereitungszeit: 30 Minuten + 2 Monate Ziehen
Für 1 Flasche (1 l)

Ansatz:

- 2 Tassen Zwetschgenkerne (direkt nach dem Entsteinen, gerne mit anhaftendem Fruchtfleisch)
- 2 EL Honig (oder Zucker)
- 700 ml Wodka

Läuterzucker:

- 200 g Zucker
- 200 ml Wasser

Außerdem:

- 1 verschließbare Flasche (1 l)

Für den Ansatz die Zwetschgenkerne in die Flasche füllen. Den Honig zugeben und mit dem Wodka auffüllen. Die Flasche verschließen und gut durchschütteln. Dann ca. 2 Monate ausziehen lassen, dabei ab und zu schütteln.

Danach den Ansatz durch ein Sieb abgießen und die rötlichbraune Flüssigkeit auffangen.

Für den Läuterzucker Zucker und Wasser in einem Topf aufkochen, bis sich der Zucker vollständig gelöst hat. Die Mischung kurz sprudelnd kochen lassen, gut durchrühren und abkühlen lassen.

Den Läuterzucker dann portionsweise mit einem Schöpflöffel zum Liköransatz gießen, bis die gewünschte Süße und Alkoholkonzentration erreicht ist. Dabei immer wieder umrühren und kosten. Den fertigen Likör in eine dekorative Flasche füllen. Verschlossen ca. 1 Jahr haltbar.

TIPP: Aus Zwetschgenkernen kannst du auch Ketten oder Haarschmuck basteln. Dafür die Kerne waschen, anhaftendes Fruchtfleisch ablösen und im Backofen bei 50 °C trocknen. Mit der breiten Seite auf grobem Schleifpapier rubbeln, bis der Samen in der Mitte sichtbar wird. An der gegenüberliegenden Seite wiederholen. Den Samen mit einer Nadel durchstechen und auffädeln. Alternativ die ganzen getrockneten Kerne mit einem sehr dünnen Holzbohrer durchbohren und auffädeln. Die Kerne nach Belieben noch bemalen.

MÄRCHENHAFTES WÜRZPULVER

Wohin nur mit den vielen Zwetschgenkernen? Probiere doch mal dieses Rezept aus der Leaf-to-Root-Trickkiste. Damit lässt sich Bittermandelaroma ganz natürlich gewinnen. Als ungewöhnliches Gewürz verfeinert es dann Gebäck, Getränke und Desserts.

Zubereitungszeit: 1 Stunde + 2 Stunden Trocknen
Für 20 g

100 Zwetschgenkerne

Außerdem:

Nussknacker

- Die Zwetschgenkerne waschen und 1 Tag abtrocknen lassen. Danach auf einem Backblech ausbreiten und im Backofen bei 50 °C 2 Stunden trocknen lassen.
- Die getrockneten Kerne mit dem Nussknacker öffnen und den mandelartigen Samen herausnehmen. Die Samen in einer beschichteten Pfanne ohne Öl 2–3 Minuten rösten. Dann in einem Mixer zu feinem Pulver zermahlen. Das Würzpulver in einer Dose oder einem Glas aufbewahren oder in Portionen tiefkühlen. Ca. 1 Jahr haltbar.

TIPP: Das Würzpulver schmeckt nach Bittermandel und Nüssen. Es aromatisiert Joghurt oder lässt sich auf den Milchschaum vom Cappuccino streuen. Harte Teile des Zwetschgenkerns in Papiertüten sammeln und verheizen.

MARZIPANKUGELN

Marzipan ist eine köstliche Nascherei, die man ganz einfach selbst herstellen kann. Eine Grundzutat sind Mandeln, die hier teilweise durch Pulver aus Zwetschgensamen ersetzt werden. Das billigere Persipan wird übrigens aus Aprikosenkernen hergestellt.

Zubereitungszeit: 30 Minuten
Für 160 g

90 g gemahlene Mandeln

1 EL Märchenhaftes Würzpulver (s. oben)

70 g Puderzucker

1 ½ EL Wasser

Kakaopulver zum Wälzen

- Mandeln, Würzpulver, Puderzucker und Wasser in einer Schüssel vermischen. Dann fest durchkneten, bis eine glatte Masse entstanden ist.
- Die Marzipanmasse zu kleinen Kugeln formen und im Kakaopulver wälzen. Ca. 3 Monate haltbar.

AMARETTI

Zwetschgenkerne kann man auch zum Würzen von Gebäck verwenden. Wie gut sich der feine Bittermandelgeschmack macht, zeigen diese kleinen Mandelkekse.

Zubereitungszeit: 30 Minuten
Für 30 Stück

- 1 Ei
- 100 g Zucker
- 100 g gemahlene Mandeln
- 1 EL Märchenhaftes Würzpulver (s. links)

Außerdem:

- Spritzbeutel mit 6-mm-Lochtülle

Den Backofen auf 170 °C (Umluft) vorheizen, ein Backblech mit Backpapier belegen. Das Ei trennen und das Eiweiß schaumig schlagen. Zuerst den Zucker langsam einrühren, dann Mandeln und Würzpulver. Die Makronenmasse in den Spritzbeutel füllen.

Die Makronenmasse mithilfe des Spritzbeutels oder mit zwei Teelöffeln in kleinen Häufchen auf das Backblech setzen. Im Ofen 20 Minuten backen. Die Amaretti aus dem Ofen nehmen und vollständig auskühlen lassen. In einer Keksdose ca. 2 Wochen haltbar.

FRUCHTPULVER

Brombeeren sind Sammelsteinobst und haben in jeder Fruchtkammer einen Kern. Damit diese in Konfitüre oder Saft nicht stören, passiert man die Beeren durch ein Sieb. Was im Sieb zurückbleibt, lässt sich prima zu Fruchtpulver verarbeiten.

Zubereitungszeit: 20 Minuten + 1 Stunde Trocknen
Für 50 g

Kerne-Fruchtfleisch-Reste aus dem Sieb (von ca. 1 kg Brombeeren)

- Ein Backblech mit Backpapier belegen. Die Kerne-Fruchtfleisch-Reste aus dem Sieb daraufgeben und dünn verstreichen. Im Backofen bei 50 °C (Umluft) ca. 1 Stunde gut durchtrocknen lassen.
- Aus dem Ofen nehmen, in Stücke brechen und in einem Mixer oder in einer Kaffeemühle pulverfein zermahlen. Das Fruchtpulver zum Dekorieren, Färben von Speisen, Zuckerguss, Smoothies oder Torten verwenden. Ca. 1 Jahr haltbar.

TIPP: Das Fruchtpulver hat eine satte lila Farbe und besitzt das natürliche Aroma der Beeren. Unter ein Müsli gemischt, ergibt es schöne Farbeffekte. Für selbst gemachtes Brausepulver 1 Teil Fruchtpulver mit 1 Teil Zitronensäurepulver, 1 Teil Natron und 3 Teilen Puderzucker mischen.

LILA QUARKFARBE

Quarkfarbe ist eine prima Fingermalfarbe. Und wenn der Finger mal im Mund landet, schmeckt die Farbe auch noch gut.

Zubereitungszeit: 10 Minuten
Für 1 Schraubglas (50 g)

50 g Quark (40 % Fett i. Tr.)
1 TL Sonnenblumenöl
1 EL lila Fruchtpulver (s. oben)

- Quark, Öl und Fruchtpulver in eine Rührschüssel geben. Mit einem Schneebesen gut verrühren, bis der Quark gleichmäßig durchgefärbt ist.
- Die Quarkfarbe in ein Schraubglas füllen und verschließen. Im Kühlschrank 2–3 Tage haltbar.

TIPP: Die Quarkfarbe gelingt auch mit anderen Fruchtpulvern, z. B. Heidelbeere, Himbeere oder Sanddorn.

DAS FRUCHTPULVER GUT VERSCHLOSSEN LAGERN, SONST ZIEHT ES WASSER AN UND VERKLUMPT.

HIMBEERBRUCH

Der Kerne-Fruchtfleisch-Rest nach dem Passieren der Beeren für Konfitüre & Co. ist für den Kompost viel zu schade. Im Ofen geröstet werden daraus duftende Himbeerbrösel als Zutat für Müsli, Riegel, Seife und mehr.

Zubereitungszeit: 1 Stunde
Für 50 g

Kerne-Fruchtfleisch-Reste aus dem Sieb (von ca. 1 kg Himbeeren)

- Ein Backblech mit Backpapier belegen. Die Kerne-Fruchtfleisch-Reste aus dem Sieb daraufgeben und dünn verstreichen (maximal 2 mm hoch). Im Backofen bei 50 °C (Umluft) ca. 1 Stunde trocknen lassen, bis die Masse knusprig ist.
- Aus dem Ofen nehmen, in grobe Stücke brechen und unter ein Müsli mischen oder in Brot oder Kuchen einbacken. Alternativ mahlen oder mörsern, bis ein grobes Pulver entsteht, und zur Herstellung von Seife (s. rechts) verwenden. Ca. 1 Jahr haltbar.

HIMBEERRIEGEL

Mit Himbeerbruch bekommen selbst gebackene Müsliriegel einen knusprigen Biss und einen fruchtigen Geschmack.

Zubereitungszeit: 30 Minuten
Für ca. 20 Stück

1 mittelgroßer Apfel (oder Birne)
6 EL Himbeerbruch, in kleinen Stücken (s. oben)
1 ½ EL Wasser
100 g Mehl
160 g Honig
200 g Sonnenblumenkerne
200 g kernige Haferflocken

- Den Backofen auf 180 °C (Umluft) vorheizen, ein Backblech mit Backpapier belegen. Den Apfel waschen und bis auf das Kerngehäuse raspeln. Mit 1 EL Wasser in einem Topf aufkochen. Die Apfelmasse danach pürieren.
- Himbeerbruch, ½ EL Wasser, Mehl, Honig, Kerne und Flocken zugeben und gut vermischen. Die Masse auf das Backblech streichen und im Ofen ca. 20 Minuten backen.
- Die Platte aus dem Ofen nehmen und noch warm in Riegel oder Dreiecke schneiden. Die Riegel dann vollständig auskühlen lassen. Zum Aufbewahren mit einer Apfelhälfte in eine Keksdose aus Metall schichten. Ca. 3 Wochen haltbar.

HIMBEER-PEELING-SEIFE

Kerne und Fruchtfleischreste enthalten hautpflegende Inhaltsstoffe wie Fruchtsäuren, Vitamine und Mineralstoffe. Zudem besitzen die Kernreste peelende Eigenschaften. So wäscht man sich nicht nur, sondern tut der Haut auch gleich etwas Gutes.

Zubereitungszeit: 30 Minuten
Für 5 Kugelseifen

- 125 g Kernseife
- 5 TL Öl
- 5 TL warmes Wasser
- 2 ½ TL Himbeerbruch, gemahlen (s. links)

- Die Kernseife auf der Küchenreibe raspeln. Jeweils 1 EL Seifenraspel mit 1 TL Öl und 1 TL Wasser verrühren.
- Jeweils ½ TL Himbeerbruchpulver zugeben, alles verkneten und zu einer Kugel rollen. Die Kugelseifen abkühlen lassen. Ca. 1 Jahr haltbar.

BANANA BURGER

Selbst gemachte Burger schmecken immer lecker. Diese hier sind jedoch besonders. Mit Bananenschalen kannst du nämlich vegetarisches „Pulled Pork“ zaubern.

Zubereitungszeit: 30 Minuten
Für 2 Personen

- Schalen von 2 reifen Bio-Bananen
- 1 kleine Zwiebel
- 1 TL Öl
- Salz, Pfeffer
- 1 EL Tomatenmark
- 2 Burger-Brötchen
- Salatblätter
- 4 Gurkenscheiben
- 1 Tomate, in Scheiben

Die Bananenschalen waschen und mit der gelben Seite nach unten auf ein Brett legen. Das weiße Fruchtfleisch mit einem Löffel abschaben, Stiel und faseriges Ende abschneiden. Die Schalen dann mit einer Gabel der Länge nach in spaghettiähnliche Streifen teilen.

Die Zwiebel schälen und in Ringe schneiden. Das Öl in einer Pfanne erhitzen und die Zwiebel darin anbraten, bis sie leicht bräunt. Die Bananenfasern zugeben und bei mittlerer Hitze ca. 5 Minuten mitbraten. Mit je 1 Prise Salz und Pfeffer würzen, das Tomatenmark einrühren und leicht karamellisieren lassen.

Die Burger-Brötchen waagerecht halbieren. Die Böden mit Salat belegen und die Masse darauf verteilen. Gurken- und Tomatenscheiben daraufschichten. Mit Salat abdecken und die Deckel auflegen. Ca. 2 Tage haltbar.

OB GEBRATEN, GEBACKEN ODER ROH IM SHAKE – BANANENSCHALEN HABEN IMMER EINEN FEIN-FRUCHTIGEN GESCHMACK.

BANANENKNÄCKEBROT

Knäckebrot muss nicht langweilig schmecken. Bananenschalen geben ihm einen interessanten Geschmack. Damit zubereitet brechen auch die Platten nicht so leicht.

Zubereitungszeit: 30 Minuten
+ 1 Stunde Ruhen
+ 55 Minuten Backen
Für 12 Stück

- Schalen von 2 Bio-Bananen
- 120 g Dinkelmehl
- 175 g gemischte Kerne (z. B. Kürbiskerne, Sonnenblumenkerne, Leinsamen)
- 100 g kernige Haferflocken
- 1 ½ TL Salz
- 2 EL Öl
- 350 ml Wasser

- Die Bananenschalen waschen und mit der gelben Seite nach unten auf ein Brett legen. Das weiße Fruchtfleisch mit einem Löffel abschaben, Stiel und faseriges Ende abschneiden. Die Schale dann in sehr feine Streifen schneiden.
- Die Schalenstreifen mit Mehl, Kernen, Flocken, Salz, Öl und Wasser vermischen. Die Masse dann 1 Stunde ruhen lassen.
- Den Backofen auf 150 °C (Umluft) vorheizen, ein Backblech mit Backpapier belegen. Die Masse dünn darauf streichen und im Ofen 15 Minuten backen. Herausnehmen und in rechteckige Stücke schneiden. Die Stücke im Ofen weitere 40 Minuten backen. Das Knäckebrot auf dem Blech auskühlen lassen und zum Aufbewahren in eine Dose schichten. Ca. 3 Monate haltbar.

TIPP: Einfach unglaublich, was sich aus Bananenschalen alles zaubern lässt! Ganz nebenbei enthalten die Schalen viele Ballaststoffe, Mineralstoffe und Kohlenhydrate.

BANANEN-COOKIES

Bananen und Schokolade sind schon immer ein Dream-Team. Klein geschnitten lassen sich die zart schmeckenden Schalen problemlos unter den Teig kneten.

Zubereitungszeit: 45 Minuten
+ 1 Stunde Ruhen
+ 15 Minuten Backen
Für ca. 30 Stück

- Schalen von 2 Bio-Bananen
- 50 g Honig
- 100 g Butter
- 150 g Mehl
- 1 Ei
- 1 Prise Salz
- 2 EL Schokoladenraspel

- Die Bananenschalen waschen und mit der gelben Seite nach unten auf ein Brett legen. Das weiße Fruchtfleisch mit einem Löffel abschaben, Stiel und faseriges Ende abschneiden. Die Schale dann fein schneiden.
- Die Bananenschalen mit Honig, Butter, Mehl, Ei, Salz und Schokoraspeln zu einem glatten Teig verkneten. Den Teig ca. 1 Stunde kühl ruhen lassen.
- Den Backofen auf 150 °C (Umluft) vorheizen, ein Backblech mit Backpapier belegen. Vom Teig mit einem Teelöffel Portionen abstechen und mit einem zweiten Teelöffel als Klecks auf das mit Backblech schieben. Im Ofen ca. 15 Minuten backen. Die Cookies auf einem Kuchengitter auskühlen lassen. In einer Dose ca. 2 Monate haltbar.

BANANENSCHALEN-SHAKE

Im Mixer werden die Schalen der Banane vollständig zerkleinert und der Shake schmeckt deutlich nach Banane. Die wertvollen Vitamine, Mineralstoffe und Ballaststoffe der Schalen trinkst du so natürlich auch mit.

Zubereitungszeit: 10 Minuten
Für 2 Gläser

- Schalen von 2 reifen Bio-Bananen
- 2 EL Mandeln
- 1 EL Honig
- 2 TL Kakaopulver
- 500 ml kalte Milch (oder Wasser)
- Bananenscheiben für die Deko

- Die Bananenschalen waschen und mit der gelben Seite nach unten auf ein Brett legen. Das weiße Fruchtfleisch mit einem Löffel abschaben, Stiel und faseriges Ende abschneiden. Die Schale dann in ca. 3 cm große Stücke schneiden.
- Die Schalenstücke mit Mandeln, Honig, Kakaopulver und Milch in einen Mixer füllen. Alles auf höchster Stufe ca. 1 Minute pürieren. Den Shake in zwei Gläser füllen und mit den Bananenscheiben dekorieren.

BANANEN AUS KONVENTIONELLEM ANBAU SIND STARK MIT PESTIZIDEN BELASTET. VERWENDE DESHALB IMMER NUR DIE SCHALEN VON BIO-BANANEN.

QUITTENSIRUP

Aus Quittenresten lässt sich ein feiner Sirup herstellen. Der schmeckt in Getränken, veredelt viele Gerichte und ist die wichtigste Zutat für die Quitten-Bärchen im nächsten Rezept.

Zubereitungszeit: 45 Minuten
Für 1 Flasche (500 ml)

- Kerngehäuse und Reste von 5 Quitten
- 500 ml Wasser
- 500 g Honig

- Quittenreste und Wasser in einem Topf zum Kochen bringen und 10 Minuten köcheln. Dann durch ein Sieb abgießen und das Kochwasser auffangen. Das Quitten-Kochwasser mit dem Honig verrühren, aufkochen und bei mittlerer Hitze in ca. 20 Minuten sirupartig einkochen lassen.
- Den fertigen Quittensirup in eine sterilisierte Flasche füllen und verschließen. Ca. 1 Jahr haltbar.

TIPP: Für einen erfrischenden Drink den Quittensirup einfach im Verhältnis 1:10 mit Wasser verdünnen.

QUITTEN-BÄRCHEN

Was für eine köstliche Leckerei aus der Leaf-to-Root-Küche! Basis für diese selbst gemachten Gummibärchen ist Quittensirup. Die fruchtigen Bärchen schmecken Groß und Klein und sind garantiert schnell weg.

Zubereitungszeit: 30 Minuten
+ 2 Stunden Kühlen
+ 2 Tage Trocknen
Für 100 g

- 5 Blätter Gelatine
- 100 ml Quittensirup (s. oben)
- 1 EL Zitronensaft
- 1 TL gemahlener Ingwer (nach Belieben)

Außerdem:

- Silikonform für Gummibärchen

- Die Gelatine in kaltem Wasser einweichen. Quittensirup, Zitronensaft und nach Belieben Ingwer in einen Topf geben und erwärmen. Die ausgedrückte Gelatine einrühren, bis sie sich vollständig aufgelöst hat. Dabei die Mischung nicht über ca. 50 °C erhitzen oder kochen lassen.
- Die Mischung in die Silikonform füllen und im Kühlschrank in ca. 2 Stunden gelieren lassen. Die Gummibärchen danach aus der Form drücken, auf einen Teller legen und 2 Tage an der Luft trocknen lassen. Zum Aufbewahren in Schraubgläser schichten. Ca. 1 Jahr haltbar.

TIPP: Statt mit Gelatine gelingen die Bärchen auch mit Pektin als Geliermittel. Dafür der Anweisung auf der Packung folgen und die doppelte Menge wie für Konfitüre verwenden.

QUITTENKERNE GEGEN HALSWEH

Quittenkerne enthalten pflanzliche Schleimstoffe. Diese wirken wunderbar schmerzlindernd bei Halsschmerzen.

Zubereitungszeit: 10 Minuten + 1 Woche Trocknen
Für 1 EL

3 Quitten

- Die Quitten nach Belieben verarbeiten, z. B. für Gelee. Dafür vierteln und das Kerngehäuse entfernen. Die Kerne herauslösen und ca. 1 Woche an der Luft trocknen lassen.
- Bei Halsschmerzen 1–2 Kerne in den Mund nehmen und lange lutschen. Dabei legen sich die Schleimstoffe auf die entzündeten, schmerzenden Stellen im Hals und wirken beruhigend.

QUITTENLOTION

Kosmetik aus dem Garten mit wenigen Zutaten tut der Haut so richtig gut. Diese feuchtigkeitsspendende Lotion (frei nach Gabriela Nedoma) kann zur Körperpflege wie auch als Tagespflege im Gesicht verwendet werden.

Zubereitungszeit: 45 Minuten
Für 5 Flaschen (à 200 ml)

100 g Kerngehäuse und Reste von Quitten
500 ml Sonnenblumenöl
2,5 g Bienenwachs
500 ml Mineralwasser

- Die Quittenreste klein schneiden und mit dem Öl pürieren. Die Mischung in einem Topf aufkochen und 5 Minuten köcheln lassen. Abkühlen lassen, durch einen Feinfilter abgießen und 500 ml abmessen.
- Das abgemessene Quittenöl mit dem Bienenwachs erwärmen, bis das Wachs schmilzt. Jeweils 100 ml Öl handwarm in fünf Flaschen füllen. Mit 100 ml Mineralwasser auffüllen und schütteln, damit sich wässrige und ölige Phase vermischen. Ca. 1 Jahr haltbar.

ZITRONENPULVER

Beim Kochen und Backen gibt häufig erst eine Prise Säure einem Gericht den gewissen Pfiff. Dieses natürlich hergestellte Zitronenpulver wird zum unentbehrlichen Gewürz in der Küche. Säure, Vitamin C und ätherische Öle bleiben darin lange erhalten.

Zubereitungszeit: 10 Minuten
Für 2 EL

3 Bio-Zitronen

- Die Zitronen heiß abwaschen und abtrocknen. Dann die äußere Schale mit einem Sparschäler abziehen.
- Die Schalenstücke auf ein Backblech legen und im Backofen bei 60 °C (oder am Rand des Kachelofens) trocknen, bis sie sehr hart sind. Herausnehmen und in einem Mixer oder einer Kaffeemühle pulverfein zermahlen. Ca. 1 Jahr haltbar.

TIPP: **Für einen aromatischen Zitronentee die getrockneten Schalenstücke mit heißem Wasser übergießen.**

ZITRONAT

Die Intensität von selbst gemachtem Zitronat ist unglaublich. Man kann es beim Kochen und Backen verwenden, für Pralinen einsetzen oder einfach in Joghurt rühren. Der aufgefangene Kochsud lässt sich prima als Zitronensirup nutzen.

Zubereitungszeit: 1 ½ Stunden + 12 Stunden Trocknen
Für ca. 50 g

Schalen von 2 Bio-Zitronen
1 l Wasser
250 g Zucker

- Die Zitronenschalen in kleine Stücke schneiden. In einem Topf mit 250 ml Wasser bedecken, erhitzen und 10 Minuten köcheln lassen. Das Wasser dann abgießen. Die Schalen erneut mit 250 ml Wasser bedecken und wieder 10 Minuten köcheln lassen. Diesen Vorgang nochmals wiederholen.
- Beim vierten Durchgang wieder 250 ml Wasser und den Zucker zugeben und die Schalen bei schwacher Hitze 1 Stunde köcheln lassen. Danach durch ein Sieb abgießen und dabei den Kochsud auffangen.
- Die Zitronenstückchen auf einem Gitter 12 Stunden (am besten über Nacht) abtropfen und trocknen lassen. Zum Aufbewahren in ein Schraubglas schichten. Im Kühlschrank ca. 1 Jahr haltbar.

LEMON CURD

Die typisch englische Zitronencreme schmeckt wunderbar erfrischend auf Brot. In Kuchen und Keksen ist sie eine fruchtige Füllung.

Zubereitungszeit: 30 Minuten + 3 Stunden Kühlen
Für 2 Schraubgläser (50 g)

- abgeriebene Schale und Saft von 2 Bio-Zitronen
- 120 g Puderzucker
- 60 g Butter
- 2 Eier

- Zitronenschale, Zitronensaft und Puderzucker in einem kleinen Topf mischen. Aufkochen und bei schwacher Hitze ca. 3 Minuten köcheln lassen, dabei regelmäßig umrühren.
- Die Butter zugeben und schmelzen lassen. Dann die Eier gut einrühren und alles 20 Minuten köcheln lassen.
- Den Curd in zwei sterilisierte Schraubgläser füllen, verschließen und mindestens 3 Stunden (am besten über Nacht) in den Kühlschrank stellen. Gekühlt ca. 1 Monat haltbar.

ZITRONENBONBONS

Birkenzucker ist süß, aber für die Zähne ungefährlich. Diese Bonbons kannst du also ohne schlechtes Gewissen lutschen.

Zubereitungszeit: 30 Minuten
Für 20 Stück

- 1 Bio-Zitrone
- 200 g Birkenzucker
- Puderzucker zum Formen und Wälzen

- Die Zitrone heiß abwaschen und abtrocknen. Dann die Schale mit einer Reibe fein abreiben (die Frucht anderweitig verwenden). Den Birkenzucker in einer Pfanne bei mittlerer Hitze unter ständigem Rühren schmelzen, bis er klar und durchsichtig ist. Die Zitronenschale einrühren.
- Einen tiefen Teller mit Puderzucker füllen und mit einem Teelöffel kleine Vertiefungen in den Puderzucker drücken. Die heiße, flüssige Zitronen-Birkenzucker-Mischung in die Vertiefungen gießen und abkühlen lassen.
- Die fertigen Bonbons in Puderzucker wälzen und zum Aufbewahren in eine Dose schichten. Ca. 1 Jahr haltbar.

ZITRONENÖL

Schon die Schale von einer Zitrone genügt, um fein-fruchtiges Zitronenöl herzustellen. Das kannst du für Salatdressings oder zum Marinieren von Antipasti verwenden. In einer dekorativen Flasche ist es auch ein willkommenes Geschenk für Kochfans.

Zubereitungszeit: 15 Minuten + 2 Wochen Ziehen
Für 1 Flasche (200 ml)

- 1 Bio-Zitrone
- 200 ml Olivenöl

Außerdem:

- 1 Flasche (250 ml)

- Die Zitrone heiß abwaschen und abtrocknen. Dann die gelbe Schale mit einem scharfen Messer oder mit einem Zestenreißer in feinen Streifen abziehen (die Frucht anderweitig verwenden).
- Die Schalenstreifen in die Flasche füllen, mit dem Olivenöl übergießen und verschließen. Ca. 2 Wochen an einem hellen, warmen Platz ausziehen lassen. Danach abfiltern, die Schalen entfernen und das fertige Öl in die Flasche füllen. Ca. 1 Jahr haltbar.

DER SAURE SAFT DER ZITRONE IST EINE TOLLE VITAMIN-C-QUELLE. ABER DAS EIGENTLICHE AROMA UND DER GESCHMACK DER FRUCHT STECKEN IN DER SCHALE.

FRUCHT-GEMÜSE

Die Hauptdarsteller in diesem Kapitel sind die Früchte bestimmter Gemüsearten. Gurken, Tomaten, Zucchini und Paprika gehören zu meinen Lieblingsgemüsen, da sie so vielseitig verwendbar sind. Auch die bei ihrer Zubereitung anfallenden Reste lassen sich sinnvoll nutzen, wie die Rezepte zeigen.

COOLER JOGHURT-SCHALEN-DRINK

Gurken werden meist geschält verarbeitet. Dabei bieten die Schalen ein riesiges Reservoir an Mineralstoffen und liefern viel Flüssigkeit. Also lieber diesen erfrischenden Drink daraus mixen!

Zubereitungszeit: 10 Minuten
Für 2 Gläser

- Schale von 1 Gurke
- 250 g Joghurt
- 50 ml Wasser
- 1 Prise Salz
- 1 TL gehackter Dill (oder Giersch)
- Eiswürfel (nach Belieben)
- 2 Gurkenscheiben für die Deko

- Die Gurkenschale mit Joghurt, Wasser, Salz und Dill in einen Mixer füllen und schaumig pürieren.
- Nach Belieben Eiswürfel in zwei Gläser geben und den Drink hineingießen. Mit je 1 Gurkenscheibe dekorieren und sofort servieren.

OMAS GURKENSCHALEN-GESICHTSMASKE

Die kühlenden und feuchtigkeitsspendenden Eigenschaften der Gurkenschalen kannst du auch für ein ganz persönliches Anti-Aging-Programm nutzen.

Zubereitungszeit: 10 Minuten
Für 1 Anwendung

- Schale von 1 Gurke
- 1 EL Quark (40 % Fett i. Tr.)

- Die Gurkenschale mit dem Quark in einen Mixer geben und cremig pürieren.
- Die Masse im Gesicht und auf dem Dekolleté auftragen und 10 Minuten einwirken lassen. Mit warmem Wasser abwaschen. Ca. 2 Tage haltbar.

TIPP: Heute wenig Zeit? Dann lege die Gurkenschalen einfach mit der feuchten Seite nach unten als Speed-Maske auf die Haut.

TOMATENGELEE

Tomatenreste fallen während einer Tomatenschwemme an oder wenn große Tomaten ausgehöhlt werden. Doch Kerne und „Glibber" sind zum Wegwerfen viel zu schade. Sie schmecken sehr intensiv und werden hier zur Grundlage für einen außergewöhnlichen, würzigen Aufstrich.

Zubereitungszeit: 45 Minuten
Für 3 Schraubgläser (à 200 ml)

- 3 Blätter Gelatine
- 200 g Reste, Kerne und „Glibber" von Tomaten
- 100 g Weißwein
- Saft von 1 Zitrone
- 40 g Essig
- 2 EL fein geschnittenes Basilikum
- Salz, Pfeffer

- Die Gelatine in kaltem Wasser einweichen. Die Tomatenreste klein schneiden. Mit Weißwein, Zitronensaft und Essig in einem Topf aufkochen. Zuletzt das Basilikum zugeben und die Mischung kurz abkühlen lassen.
- Die ausgedrückte Gelatine einrühren, bis sie sich vollständig aufgelöst hat. Die Mischung in drei sterilisierte Schraubgläser füllen, verschließen und abkühlen lassen. Dann im Kühlschrank gelieren lassen. Ca. 1 Jahr haltbar.

TIPP: Das Tomatengelee schmeckt als Aufstrich oder Dip und verfeinert Saucen. Es lässt sich auch mit Pektin zubereiten. Dafür den Packungsangaben folgen.

LIEBLINGSTOMATE AUF SAMENKARTE

Mit dieser Methode lassen sich Lieblingstomaten ganz einfach vermehren. Auch aus dem Urlaub kannst du so Tomatensamen für das nächste Gartenjahr mitbringen. Und im Handumdrehen sind daraus kleine Geschenke für Gartenfans gebastelt.

Zubereitungszeit: 10 Minuten + 1 Woche Trocknen
Für 1 Küchenpapier

- 2 mittelgroße Lieblingstomaten (oder 1 große)
- Küchenpapier

- Die Tomate aufschneiden und die Kerne samt „Glibber" auf Küchenpapier streichen. An einem warmen Ort 1 Woche trocknen lassen. Die Samenkarte in einem Kuvert aufbewahren.
- Eine Anzuchtschale mit Erde füllen. Die Samenkarte oder Teile davon auf die Erde legen und ca. 1 cm hoch mit Erde bedecken. Die Schale feucht, warm und hell halten. Nach wenigen Tagen wachsen Tomatenkinder. Ca. 1 Jahr haltbar.

TIPP: Klappt nicht bei Hybridtomaten. Zum Verschenken das Küchenpapier nach dem Trocknen in Rechtecke (ca. 6 × 3 cm) schneiden und in Geschenkkarten einlegen.

Tomaten

ZUCCHINBRATLINGE

Gefühlt werden jedes Jahr alle Zucchini gleichzeitig reif! Nachbarn legen einem das Gemüse dann kiloweise vor die Haustür, obwohl man selbst genug davon hat. Zucchinireste entstehen oft, wenn eine Frucht zu groß ist, um auf einmal verarbeitet zu werden.

Zubereitungszeit: 30 Minuten
Für 4 Personen

- 300 g Zucchinireste
- 1 Zwiebel
- 1 Knoblauchzehe
- 1 EL getrocknete Pilze
- 3 Eier
- Salz, Pfeffer
- 4 EL zarte Haferflocken
- 6 EL Semmelbrösel
- Sonnenblumenöl zum Braten

- Die Zucchinireste auf der Küchenreibe fein raspeln. Zwiebel und Knoblauch schälen und fein schneiden.
- Gemüse, Pilze und Eier in einer Schüssel vermischen. Mit Salz und Pfeffer würzen. Haferflocken und Semmelbrösel unterheben, bis eine gut formbare Masse entsteht.
- Aus der Masse acht Bratlinge formen. Etwas Öl in einer Pfanne erhitzen und die Bratlinge darin von beiden Seiten goldbraun braten. Ca. 3 Tage haltbar.

TIPP: In die Zucchinimasse passen auch gekochte Kartoffeln sehr gut.

SAFTIGER ZUCCHINIKUCHEN

Auch in einem Kuchen lassen sich wunderbar Zucchinireste verstecken. Sie machen das Gebäck durch und durch saftig.

Zubereitungszeit: 30 Minuten + 1 Stunde Backen
Für 1 Kuchen (12 Stücke)

- 200 g Zucchinireste
- 3 Eier
- 200 g Zucker
- 200 g Öl
- 200 g Mehl
- 1 TL Salz
- 1 TL Zimtpulver (oder Lebkuchengewürz)
- 1 EL Kakaopulver
- 100 g gemahlene Nüsse
- 1 Päckchen Backpulver

Außerdem:

- Gugelhupfform
- Öl und Mehl für die Form

Den Backofen auf 180 °C (Umluft) vorheizen, die Gugelhupfform mit Öl einfetten und mit Mehl ausstreuen. Die Zucchinireste sehr fein schneiden oder auf der Küchenreibe fein raspeln.

Eier und Zucker in einer Rührschüssel mit dem Handrührgerät hell und dickschaumig aufschlagen. Das Öl unterrühren. Dann Mehl, Salz, Zimt, Kakaopulver, Nüsse, Backpulver und die Zucchini unterheben.

Den Teig in die Form füllen und im Ofen 1 Stunde backen. Den Kuchen aus dem Ofen nehmen, leicht abgekühlt aus der Form lösen und auf einem Kuchengitter auskühlen lassen. Ca. 1 Woche haltbar.

PAPRIKA-QUARK-NOCKERL

Paprikaschoten bestechen durch ihren mild-würzigen Geschmack und ihre kräftige Farbe. Wenn mal ein paar Stücke übrig bleiben, peppen sie die weißen Quarkknödel auf.

Zubereitungszeit: 30 Minuten
Für 4 Personen

- 60 g weiche Butter
- 200 g Mehl
- 250 g Magerquark
- 1 Ei
- 1 TL Salz
- Paprikareste (ca. 1 Paprika)
- 1 EL Öl
- frisch geriebener Parmesan zum Bestreuen

- Butter, Mehl, Quark, Ei und Salz zu einem festen Teig verkneten. Die Paprikareste in kleine Stücke schneiden. Das Öl in einer Pfanne erhitzen und die Paprika darin weich dünsten. Dann vorsichtig unter den Teig kneten.
- In einem großen Topf Wasser zum Sieden bringen. Vom Teig mit zwei Löffeln Nockerl abstechen, in das siedende Wasser gleiten lassen und 10 Minuten garen. Mit einer Schaumkelle herausheben und abtropfen lassen.
- Die Nockerl auf vier Tellern anrichten und mit Parmesan bestreuen. Mit Salat und einer Sauce (s. Tipp) servieren.

TIPP: Für eine würzige Sauce 1 Zwiebel, 3 Paprikaschoten, 1 Peperoni und 3 Tomaten schälen bzw. waschen, putzen und fein schneiden. In Olivenöl anbraten und mit Salz und Pfeffer würzen.

PAPRIKAPASTE

Ob vegetarisches Schnitzel, Steak oder gekochte Kartoffeln – diese würzige Paste peppt jedes Gericht im Nu auf. Die farb- und geschmacksintensive Paste ist so etwas wie eine „Erste-Hilfe-Sauce".

Zubereitungszeit: 20 Minuten
Für 1 Schraubglas (200 g)

- 200 g rote Paprika (oder Paprikareste)
- 3 Knoblauchzehen
- 1 EL Öl
- 1 TL Paprikapulver
- 1 Prise Chilipulver
- Salz, Pfeffer
- 1 TL Zitronensaft
- 1 Zwiebel

- Die Paprika waschen, Stielansatz und Kerne entfernen. Die Paprika klein schneiden. Den Knoblauch schälen.
- Paprikastücke, Knoblauch, Öl, Paprika- und Chilipulver, Salz, Pfeffer und Zitronensaft in einen hohen Rührbecher geben. Alles mit dem Pürierstab zu einer Paste mixen.
- Die Zwiebel schälen, in kleine Würfel schneiden und zuletzt in die Paste rühren. Die Paprikapaste in ein sterilisiertes Schraubglas füllen und im Kühlschrank aufbewahren. Ca. 1 Woche haltbar.

SHAKSHUKA

Shakshuka ist ein Traditionsgericht aus der nordafrikanischen und israelischen Küche. Und sie ist zugleich ein wunderbares Versteck für Paprikareste!

Zubereitungszeit: 30 Minuten
Für 4 Personen

- 1 Paprika (oder 100 g Paprikareste)
- 1 Zwiebel
- 1 Knoblauchzehe
- 2 EL Öl
- 1 Dose ganze geschälte Tomaten (400 g)
- Salz, Pfeffer
- Paprikapulver
- Chilipulver
- 100 g Schafskäse (Feta)
- 4 Eier
- frisch gehackte Kräuter zum Bestreuen

Außerdem:

- ofenfeste hohe Pfanne

Die Paprika waschen, halbieren, Stielansatz und Kerne entfernen. Die Hälften klein schneiden. Zwiebel und Knoblauch schälen und klein würfeln.

Den Backofen auf 180 °C (Umluft) vorheizen. Das Öl in der Pfanne erhitzen und das geschnittene Gemüse darin 10 Minuten dünsten. Die Tomaten zugeben und mit einer Gabel leicht zerdrücken. Die Sauce mit Salz, Pfeffer, Paprika- und Chilipulver würzen und 15 Minuten einkochen lassen.

Den Schafskäse zerbröseln und einrühren. Dann mit einem Esslöffel vier Vertiefungen in die Sauce drücken. Die Eier einzeln in eine Tasse aufschlagen und vorsichtig in die Vertiefungen gleiten lassen. Die Shakshuka im Ofen 10 Minuten garen, bis die Eier gestockt sind. Herausnehmen, mit den Kräutern bestreuen und mit Brot servieren.

ERBSENSCHALEN-RISOTTO

Nur wenige Hülsenfrüchte kann man roh genießen. Erbsen jedoch sind frisch aus dem Garten oder vom Markt am besten. Sie werden gepult verarbeitet, aber auch die Hülsen schmecken lecker. In unreifem Zustand verwendet man sie samt der darin wachsenden Erbsen. Sind sie etwas reifer, muss die Hülsen-Innenhaut („Erbsenpapier") entfernt werden.

Zubereitungszeit: 30 Minuten
Für 4 Personen

- 1 Zwiebel
- 1 Knoblauchzehe
- 2 Handvoll Erbsenschalen
- 2 EL Olivenöl
- 250 g Risottoreis
- 500 ml heiße Gemüsebrühe (Seite 94 oder gekauft)
- Salz, Pfeffer
- 2 EL Crème fraîche
- 2 EL Parmesan
- frisch gehackte Kräuter zum Bestreuen

- Zwiebel und Knoblauch schälen und fein würfeln. Die Erbsenschalen waschen und in Streifen schneiden.
- Das Öl in einem Topf erhitzen. Zwiebel, Knoblauch und Erbsenschalen darin andünsten. Den Reis zufügen und glasig dünsten. Dann 100 ml Brühe zugießen und köcheln, bis sie aufgesogen ist. Die restliche Brühe ebenso in Portionen zugießen und den Reis ausquellen lassen.
- Den Risotto mit Salz und Pfeffer würzen, Crème fraîche und Parmesan unterrühren. Den Risotto mit den Kräutern bestreuen und servieren. Ca. 2 Tage haltbar.

ERBSENSCHALEN-ANTIPASTO

Fein mariniert verwandeln sich die Erbsenhüllen in ein süßlich schmeckendes Gemüsegericht. Mal eine etwas andere Vorspeise.

Zubereitungszeit: 15 Minuten
Für 2 Personen

- 50 g sehr junge Erbsenschalen
- 1 EL Zitronensaft
- 1 TL Honig
- 1 Prise Salz
- 1 Prise Pfeffer

- In einem großen Topf Wasser zum Kochen bringen. Die Erbsenschalen hineingeben und 2 Minuten kochen lassen (blanchieren). Herausnehmen, eiskalt abschrecken und abtropfen lassen.
- Zitronensaft, Honig, Salz und Pfeffer zu einem Dressing verrühren. Die blanchierten Erbsenschalen auf einer Platte anrichten und mit dem Dressing beträufeln. Ca. 2 Tage haltbar.

KÜRBISAUFSTRICH

Herbstzeit ist Kürbiszeit. Manche Sorten, wie den Hokkaido, kann man samt der Schale essen. Aber gibt es auch eine sinnvolle Verwertung für das lose Fruchtfleisch und die Kerne im Inneren? Ja!

Zubereitungszeit: 30 Minuten
Für 300 g

- 1 Zwiebel
- 1 Knoblauchzehe
- 2 EL Olivenöl
- loses Fruchtfleisch und Kerne von 1 Kürbis
- 2 EL Wasser
- Salz, Pfeffer
- Currypulver
- 250 g Schafskäse (Feta), zerbröselt
- 2 EL Crème fraîche

- Zwiebel und Knoblauch schälen und fein würfeln. Das Öl in einem Topf erhitzen. Zwiebel, Knoblauch, Kürbisfruchtfleisch und -kerne 5 Minuten darin andünsten. Alles mit einem Pürierstab zerkleinern.
- Das Wasser zugießen und die Masse 10 Minuten weiterdünsten. Die Masse dann abkühlen lassen und durch ein feines Sieb streichen.
- Den Aufstrich mit Salz, Pfeffer und Currypulver würzen. Feta und Crème fraîche unterrühren. Ca. 2 Tage haltbar.

TIPP: Zum Passieren ein engmaschiges Sieb verwenden. Dann landen keine Kürbiskernreste im Aufstrich.

KANDIERTE KÜRBISKERNE

Mit Resten lassen sich auch süße Knabbereien zubereiten. Mit etwas Geduld werden die Kerne in der Pfanne richtig kross und knackig.

Zubereitungszeit: 30 Minuten + 2 Stunden Trocknen
Für ca. 100 g

- frisch ausgelöste Kerne von 1 großen Kürbis
- 1 EL brauner Zucker
- 1 EL Wasser
- 1 Prise Chiliflocken
- 1 Prise Salz
- Öl zum Arbeiten

- Von den Kernen anhaftendes Fruchtfleisch ablösen. Die Kerne abspülen und trocken tupfen. Auf einem Backblech verteilen und im Backofen bei 50 °C ca. 2 Stunden trocknen lassen.
- Zucker und Wasser in einer Pfanne erhitzen, bis der Zucker geschmolzen ist. Die Kürbiskerne zugeben und unter Rühren weiterkochen, bis das Wasser verdampft ist. Die Kerne dann bei mittlerer Hitze vorsichtig unter Rühren knusprig goldbraun rösten. Mit Chiliflocken und Salz bestreuen.
- Einen Bogen Backpapier dünn mit Öl bestreichen. Die Kürbiskerne darauf verteilen und vollständig auskühlen lassen. Am besten frisch genießen. Ca. 1 Monat haltbar.

TIPP:
IST VOM KÜRBIS NOCH FRUCHTFLEISCH ÜBRIG, BEREITE DARAUS ZITRONATERSATZ ZU. DAFÜR DIE RESTSTÜCKE IN ZUCKERWASSER GLASIG KOCHEN. HERAUSNEHMEN UND TROCKNEN LASSEN.

WASSERMELONEN-MINZE-KONFITÜRE

Mit dieser köstlichen Konfitüre holst du dir den Sommer aufs Brot – selbst im tiefsten Winter. Perfekt also, wenn ein paar Gläser davon im Vorrat sind.

Zubereitungszeit: 30 Minuten
Für 5 Schraubgläser (à 200 ml)

- 500 g Wassermelonenschalen
- 1 Bio-Zitrone
- 500 ml Weißwein
- 2 EL fein geschnittene Minzeblätter
- 1 kg Gelierzucker 1:1

Die Melonenschalen waschen und die äußere grüne Haut mit einem Sparschäler entfernen. Die weiße Innenschale in mundgerechte Stücke schneiden und in eine Schüssel geben.

Die Zitrone heiß abwaschen und abtrocknen. Die Schale abreiben und den Saft auspressen. Zitronenschale und -saft, Weißwein und Minze zu den Melonenstücken geben. Alles vermischen und 5 Minuten ziehen lassen.

Die Melonenschalenmischung dann mit dem Gelierzucker in einem Topf vermischen. Aufkochen und nach Packungsangabe zu Konfitüre kochen. Die Konfitüre in fünf Schraubgläser füllen, verschließen und auskühlen lassen. Ca. 1 Jahr haltbar.

WHITE SLUSH

Was gibt es im Sommer Schöneres als einen frisch gemixten Drink im Liegestuhl zu genießen! Wie wäre es mit diesem hier?

Zubereitungszeit: 15 Minuten
Für 4 Gläser

- 400 g Wassermelonenschalen (von 1 großen Melone)
- 2 EL fein geschnittene Minzeblätter (oder Blätter von Basilikum, Giersch, Melisse)
- 2 EL Minzesirup (Seite 108 oder anderer Sirup)
- 250 g Eiswürfel
- 4 Minzestängel für die Deko

Die Melonenschalen waschen und die äußere grüne Haut mit einem Sparschäler entfernen. Die weiße Innenschale in Stücke schneiden und eine Schüssel geben.

Minze und Sirup zufügen und 5 Minuten ziehen lassen.

Die Melonenmischung mit den Eiswürfeln in einen Mixer füllen und zerkleinern, bis grobe Eiskristalle entstehen. Den Slush in vier dekorative Gläser füllen, mit den Minzestängeln dekorieren und sofort servieren.

WASSERMELONE IM GLAS

Die weiße Innenschicht der Melonenschale kann auch gut eingemacht werden. Über diesen sommerlichen Genuss freut man sich dann im Herbst und Winter.

Zubereitungszeit: 45 Minuten + 8 Stunden Ziehen
Für 3 Schraubgläser (à 200 ml)

- 1 mittelgroße Wassermelone
- 2 EL Salz, 1 l kaltes Wasser
- 120 ml weißer Balsamico-Essig
- 120 g Honig
- 60 ml Zitronensaft
- 1 Zimtstange
- 1 EL Gewürznelken
- 1 Stück Ingwer (1 cm lang)
- 1 TL Koriandersamen
- 1 TL Sternanis

Die Melone waschen, halbieren und die Hälften achteln. Das rote Fruchtfleisch bis auf einen Rand von 5 mm ablösen. Die grüne Außenschale mit einem Sparschäler abschälen. Die Schalenstücke dann in kleine Würfel schneiden (ergibt ca. 500 g).

Die Würfel in einer Schüssel mit dem Salz vermischen. Mit dem Wasser bedecken und ca. 8 Stunden ziehen lassen. Danach durch ein Sieb abgießen. Die Schalen sind jetzt weich und salzig.

Die Schalenstücke mit Essig, Honig, Zitronensaft, Zimt, Nelken, Ingwer, Koriander und Sternanis in einen Topf geben und 10 Minuten köcheln lassen. Noch heiß in drei sterilisierte Schraubgläser füllen, verschließen und abkühlen lassen. Ca. 1 Jahr haltbar.

WASSERMELONEN-ZAZIKI

Melonen sind mit Gurken verwandt, das merkt man auch an ihrem Duft. Die grüne Außenschale der Wassermelone ist zwar derb, doch geraspelt ersetzt sie die Gurke im Zaziki.

Zubereitungszeit: 15 Minuten + 1 Stunde Kühlen
Für 4 Personen

- Schale von ¼ Wassermelone
- 200 g griechischer Joghurt
- ½ TL Salz
- 2 Knoblauchzehen
- 1 Prise Zucker
- 1 EL Essig

Die Melonenschale waschen und sehr fein raspeln. Die Raspel in einer Schüssel mit dem Salz vermischen und 10 Minuten ziehen lassen.

Den Knoblauch schälen und zerdrücken. Knoblauch, Zucker und Essig zu den Melonenraspeln geben und vermischen. Das Zaziki 1 Stunde kühlen, dann servieren. Ca. 1 Woche haltbar.

BLATT-GEMÜSE

Blätter von Bäumen, Sträuchern und Kräutern gehören zu den ältesten Nahrungsmitteln der Menschheit. Sie enthalten viele Ballaststoffe, Vitamine und Mineralstoffe. Aus den wilden Vorfahren hat der Mensch Kulturgemüse gezüchtet, das bis heute die heilenden und nahrhaften Inhaltsstoffe der wilden Vorfahren besitzt.

RHABARBER-KETCHUP

Dank seiner Zutaten besitzt dieses Ketchup einen herrlich würzigen Geschmack. Ein Glas davon ist ein besonderes Mitbringsel zur nächsten Grillparty.

Zubereitungszeit: 45 Minuten
Für 5 Schraubgläser (à 200 ml)

- 100 g Rhabarberschalen
- 200 ml Rotweinessig
- 3 Gewürznelken
- 2 Lorbeerblätter
- 2 Kardamomkapseln
- 1 TL Senfkörner
- 300 g rote Zwiebeln
- 500 g passierte Tomaten (aus der Packung)
- 250 g Honig (oder Zucker)
- Salz, Pfeffer

- Rhabarberschalen, Essig, Nelken, Lorbeerblätter, Kardamom und Senfkörner in einen Topf geben. Aufkochen und 30 Minuten köcheln lassen. Dann durch ein Sieb abgießen und den Sud auffangen.
- Die Zwiebeln schälen und klein würfeln. Aufgefangenen Sud, Tomaten und Zwiebelwürfel zurück in den Topf geben und zugedeckt 10 Minuten köcheln lassen.
- Honig, Salz und Pfeffer einrühren und die Mischung mit einem Pürierstab fein mixen. Das heiße Ketchup in fünf sterilisierte Schraubgläser füllen, verschließen und auskühlen lassen. Ca. 6 Monate haltbar.

TIPP: Rhabarberreste können auch getrocknet und zu einem späteren Zeitpunkt verwendet werden. Dafür die Stiele waschen, ungeschält in 2 cm große Stücke schneiden und im Backofen bei 60 °C trocknen, bis sie biegsam sind.

RHABARBER-DUSCHSCHAUM

Für Kuchen und Kompott verwendet man meist nur die geschälten Blattstiele des Rhabarbers. Zurück bleibt eine große Menge Pflanzenmaterial. Das ist viel zu schade zum Kompostieren, denn es enthält Fruchtsäuren, Vitamine und Mineralstoffe. Die ideale Basis für einen wohltuenden Duschschaum.

Zubereitungszeit: 30 Minuten
Für 2 Flaschen (à 200 ml)

- Schalen von 3 Rhabarberstängeln (oder 2 Stängel mit Blatt)
- 200 ml Wasser
- 50 g Kernseife
- 20 g Mandelöl (oder Olivenöl, Sonnenblumenöl)

- Die Rhabarberschalen (oder Schalen und Blätter) klein schneiden und mit dem Wasser in einen Topf geben. Aufkochen und bei mittlerer Hitze 5 Minuten köcheln lassen. Dann etwas abkühlen lassen. Die Masse durch ein Sieb drücken, sodass ein wässriges Püree entsteht.
- Die Kernseife raspeln. Die Seifenraspel mit 4 EL handwarmem Püree verrühren. Ruhen lassen, bis die Seifenflocken ganz weich werden. Das Mandelöl einrühren und die Mischung mit dem Handrührgerät schaumig aufschlagen. Den Duschschaum in zwei Flaschen füllen und zügig verwenden. Ca. 1 Woche haltbar.

RESTEVERSTECK-SANDWICH

Resteverwertung geht auch zum Mitnehmen, zum Beispiel als nachhaltiges Lieblingssandwich. Besser kann die Mittagspause gar nicht schmecken.

Zubereitungszeit: 15 Minuten
Für 2 Personen

- 2 Sandwich-Brötchen
- übrige Salatblätter
- 4 EL Frischkäse
- 6 Mozzarellascheiben
- 6 Tomatenscheiben
- Kräutersalz
- frische Kräuter (z. B. Basilikum, Giersch, Schnittlauch), grob zerpflückt

- Die Brötchen waagerecht halbieren und die Schnittflächen mit Frischkäse bestreichen.
- Die Böden mit Salatblättern belegen und diese nochmals dünn mit Frischkäse bestreichen. Jeweils 3 Mozzarella- und Tomatenscheiben daraufschichten und mit Kräutersalz würzen. Die Kräuter darauf verteilen und mit Salatblättern abdecken. Die Deckel auflegen und leicht andrücken. Ca. 2 Tage haltbar.

SAHNIGES SALATGEMÜSE

Leicht gedünstet und warm serviert kann Salat auch als köstliches Gemüse serviert werden. Sogar in Suppen macht er sich gut.

Zubereitungszeit: 15 Minuten
Für 2 Personen

- 1 Zwiebel
- 4 kleine gekochte Kartoffeln
- 1 TL Öl
- 1 Handvoll übrige Salatblätter (Salatsorte nach Belieben)
- Salz, Pfeffer
- 1 Prise geriebene Muskatnuss
- 1 EL Sahne

- Die Zwiebel schälen und fein würfeln. Die Kartoffeln schälen und in feine Scheiben schneiden. Das Öl in einer Pfanne erhitzen und die Zwiebel darin glasig dünsten. Die Kartoffelscheiben zugeben und 10 Minuten mitdünsten.
- Inzwischen die Salatstücke in Streifen schneiden. Dann ebenfalls in die Pfanne geben und zusammenfallen lassen. Das Gemüse mit Salz und Pfeffer würzen. Die Sahne unterrühren und das Gemüse mit Muskatnuss abschmecken. Ca. 2 Tage haltbar.

SPARGELSALZ

Die Schalen von Spargel darfst du auf keinen Fall wegwerfen. Mit diesem Salz konservierst du den Geschmack des Gourmetgemüses auch außerhalb der Saison.

Zubereitungszeit: 15 Minuten + 1 Stunde Trocknen
Für 1 Schraubglas (100 g)

- Schalen und Abschnitte von 500 g Spargel
- 4 EL Salz (am besten Steinsalz)

- Spargelschalen und -abschnitte mit dem Salz in der Küchenmaschine auf höchster Stufe mixen. Ein Backblech mit Backpapier belegen, die Mischung darauf verteilen und im Backofen bei 50 °C ca. 1 Stunde trocknen lassen.
- Die getrocknete Masse danach in der Küchenmaschine pulverfein zerkleinern. In ein Schraubglas füllen. Ca. 1 Jahr haltbar.

TIPP: Spargelsalz passt hervorragend zu Tomaten, Käse und verfeinert auch Dips. Wenn du Schalen vom grünen Spargel dazu nimmst, bekommt es eine hellgrüne Farbe.

UMAMI-PULVER

Unsere Geschmackssinne unterscheiden süß, sauer, salzig und bitter. Daneben gibt es noch die Wahrnehmung würzig oder „umami", die sich am besten mit dem Geschmack von Fleischbrühe vergleichen lässt. Umami-Pulver kann man auch rein pflanzlich zubereiten, der Appetit darauf lässt sich mit diesem veganen Würzpulver stillen.

Zubereitungszeit: 30 Minuten + 1 Stunde Trocknen
Für 1 Schraubglas (100 g)

- 200 g Spargelschalen
- 1 Tomate
- 1 Brokkolistrunk
- 2 EL Bockshornkleesamen
- 40 g Salz
- 1 EL getrocknete Pilze

- Spargelschalen, Tomate, Brokkolistrunk, Bockshornklee und Salz in einen Mixer füllen und fein pürieren. Ein Backblech mit Backpapier belegen. Die Masse daraufstreichen und im Backofen bei 50 °C ca. 1 Stunde trocknen.
- Die getrocknete Gemüsemasse mit den Pilzen in einen Mixer geben und pulverfein zerkleinern. Das Umami-Pulver in ein Schraubglas füllen und sparsam als Geschmacksverstärker verwenden. Ca. 1 Jahr haltbar.

SPARGELSÜPPCHEN

Spargel muss vor dem Verzehr geschält werden, sonst bleiben die harten Fasern zwischen den Zähnen hängen. Aber Geschmack und Mineralstoffe sitzen auch in den Schalen, deshalb kocht man daraus am besten eine köstliche Suppe.

Zubereitungszeit: 45 Minuten
Für 2 Personen

- 2 TL Butter
- Schalen und Abschnitte von 500 g Spargel
- 400 ml Gemüsebrühe (Seite 94 oder gekauft)
- Salz, Pfeffer
- 2 TL Speisestärke
- 2 EL Wasser
- frisch gehackte Kräuter zum Bestreuen

Die Butter in einem Topf erhitzen. Spargelschalen und Abschnitte darin andünsten. Mit der Brühe ablöschen und leicht mit Salz und Pfeffer würzen. Alles 20 Minuten köcheln lassen.

Danach durch ein Sieb abgießen und den Kochsud auffangen. Den Sud zurück in den Topf gießen und nochmals aufkochen. Die Speisestärke mit 2 EL Wasser verquirlen. In den Sud rühren und kochen lassen, bis er andickt. Die Suppe mit Salz und Pfeffer abschmecken, mit den Kräutern bestreuen und servieren. Ca. 1 Tag haltbar.

BUTTERGEMÜSE AUS DEM MANGOLDSTIEL

Auch die etwas festeren Stielenden besitzen den für Mangold typischen Geschmack. Als Gemüse zubereitet sind sie knackig und gehaltvoll.

Zubereitungszeit: 20 Minuten
Für 2 Personen

- 200 g untere Stiele von 1 Mangoldstaude
- 2 gekochte Kartoffeln
- 1 EL Butter
- Salz, Pfeffer
- frisch gehackte Kräuter zum Bestreuen

Die Mangoldstiele waschen und quer in schmale Scheiben schneiden. Die Kartoffeln schälen und in Scheiben schneiden.

Die Butter in einer Pfanne erhitzen und die Stiele darin dünsten, bis sie weich sind. Die Kartoffelscheiben zugeben und mitdünsten. Das Gemüse mit Salz und Pfeffer würzen und mit den Kräutern bestreut servieren. Ca. 2 Tage haltbar.

MANGOLD-MILCHSAUER

Manches Gemüse ist im Blatt, Strunk oder Stiel recht faserig und somit zunächst nicht zum Verzehr geeignet. Auch gedünstet bleibt diese Konsistenz manchmal erhalten. Aber mit der milchsauren Gärung lassen sich Struktur und Geschmack positiv verändern. Keine Angst, das geht ganz einfach!

Zubereitungszeit: 30 Minuten
+ 3 Tage Ruhen
+ 4 Wochen Fermentieren
Für 1 Schraubglas

- untere Stiele von 1 Mangoldstaude
- 5 Radieschen
- 250 ml Wasser
- 5 g Salz
- 1 großes Mangoldblatt

Die Mangoldstiele waschen und quer in schmale Scheiben schneiden. Die Radieschen waschen und ebenfalls in Scheiben schneiden. Beides in ein sterilisiertes Schraubglas drücken.

Wasser und Salz verrühren und in das Glas füllen. Das Mangoldblatt über der obersten Gemüseschicht festklemmen, sodass alles bedeckt ist. (Das Blatt verhindert das Aufschwimmen der Gemüsestücke. Falls es so nicht funktioniert, einen Stein als Abschluss benutzen.)

Das Glas locker mit dem Deckel verschließen und 3 Tage in der warmen Küche stehen lassen. Wenn die Gärung einsetzt und es im Glas blubbert, den Deckel ganz verschließen und das Gemüse an einem kühlen Ort 4 Wochen fermentieren lassen. Ca. 1 Jahr haltbar.

MANGOLD-RESTE-QUICHE

Die großen bunten Mangoldblätter lassen sich schön anrichten und zieren Salat oder Pfannengerichte. Die gedünsteten Stiele sind ein schmackhafter Belag für eine Quiche.

Zubereitungszeit: 45 Minuten + 35 Minuten Backen
Für 1 Quiche (12 Stücke)

Teig:

- 200 g Mehl
- 125 g Butter
- 1 Ei
- 1 Prise Salz
- 1 Prise geriebene Muskatnuss

Belag:

- 4 Handvoll Mangoldstiele
- 2 TL Öl
- Salz
- 4 Eier
- 150 g Sauerrahm
- 70 g geriebener Käse
- 1 Prise Pfeffer

Außerdem:

- Springform (26 cm ∅)

- Für den Teig Mehl, Butter, Ei, Salz und Muskatnuss zu einem weichem Teig verkneten. Den Teig zu einer Platte formen und abgedeckt bis zur Verwendung im Kühlschrank ruhen lassen.
- Für den Belag die Mangoldstiele waschen, abtropfen lassen und klein schneiden. Das Öl in einer Pfanne erhitzen und die Stiele darin andünsten. Leicht salzen. Die Eier in einer Schüssel verquirlen. Sauerrahm, Käse, ½ TL Salz und Pfeffer untermischen. Dann den gedünsteten Mangold unterheben.
- Den Backofen auf 180 °C (Umluft) vorheizen. Den Teig in der Form zu einem Boden flach drücken und dabei einen ca. 2 cm hohen Rand formen. Die Mangoldmasse auf dem Boden verteilen und die Quiche im Ofen 35 Minuten backen. Herausnehmen und warm oder kalt servieren. Ca. 3 Tage haltbar.

WURZEL-GEMÜSE

Wurzeln, Rüben und Knollen sind bereits seit vielen Tausend Jahren fest in unserer Ernährung verankert. Das Gemüse wächst mit einem Blätterschopf. Die Blätter sind zart und lecker und können zu eigenständigen Gerichten verarbeitet werden. In den Schalen steckt dann noch die eine oder andere Überraschung. Schon mal mit Kartoffelschalen gespült?

SCHARFE RADIESCHEN-CHIPS

Radieschen sind verwandt mit Kresse und Meerrettich. Alle Pflanzen dieser Familie schmecken leicht scharf, auch deren Blätter. Die kannst du als knusprig geröstete Chips genießen.

Zubereitungszeit: 15 Minuten
Für 2 Personen

- frische Blätter von 1 Bund Radieschen
- 1 EL Olivenöl
- 1 Prise Salz
- 1 Pfeffer
- 1 Prise Paprikapulver

Den Backofen auf 180 °C (Umluft) vorheizen, ein Backblech mit Backpapier belegen. Die Radieschenblätter waschen, trocken tupfen und auf dem Backblech verteilen.

Olivenöl, Salz, Pfeffer und Paprikapulver verrühren. Die Radieschenblätter mit dem Würzöl bepinseln und im Ofen ca. 10 Minuten rösten, bis sie knusprig sind. Herausnehmen und sofort servieren.

TIPP: Lust auf eine neue Spinatidee? Dafür die Radieschenblätter in kochendem Wasser kurz blanchieren. Danach pürieren, mit etwas Öl in einer Pfanne erwärmen und nach Belieben würzen.

RADIESCHEN-TEMPURA

Ausbacken in einer Teighülle macht aus einem grünen Blatt eine feine Vorspeise. An den rauen Radieschenblätter haftet der Teig besonders gut. Zudem haben sie einen scharf-würzigen Geschmack. So verwandelt man „Bioabfall" in eine Delikatesse.

Zubereitungszeit: 20 Minuten
Für 2 Personen

- 100 g Mehl
- 150 ml Wasser (oder Milch)
- 1 Ei
- 1 Prise Salz
- frische Blätter von 1 Bund Radieschen
- Öl zum Ausbacken

Mehl, Wasser, Ei und Salz in einer Schüssel zu einem dickflüssigen Teig verrühren.

Die Radieschenblätter waschen und trocken tupfen. Etwas Öl in einer Pfanne erhitzen. Die Blätter dann am Stiel fassen und durch den Backteig ziehen, bis beide Seiten damit bedeckt sind. Leicht abtropfen lassen und im heißen Öl von beiden Seiten knusprig backen. Heiß mit einem Dip oder pur servieren.

RETTICHHONIG

Die Inhaltsstoffe vom Rettich wirken gegen Bakterien, Viren und Pilze. Der Rettichhonig schmeckt süßlich-scharf und kann gegen Husten und Blasenentzündung eingesetzt werden.

Zubereitungszeit: 30 Minuten + 7 Tage Ruhen
Für 1 Schraubglas (100 g)

- 50 g Rettichschalen oder -reste (Rettich vorher abbürsten und waschen)
- 100 g flüssiger Honig

Außerdem:

- 1 Schraubglas

- Die Rettichschalen sehr fein schneiden und in einer Schüssel sorgfältig mit dem Honig vermischen. In das sterilisierte Schraubglas füllen, verschließen und 7 Tage ziehen lassen.
- Die Mischung danach durch ein Sieb abgießen und den Sirup auffangen. Den Rettichhonig in ein frisches Schraubglas füllen. Bei Bedarf mehrmals am Tag 1 TL davon essen. Verschlossen 2–3 Monate haltbar.

RETTICHBLÄTTERSUPPE

Rettich und Kresse sind verwandt wie Cousin und Cousine. Nur schmeckt der Rettich etwas schärfer. Das schmackhafte Blattwerk verdient es, in eine Suppe verwandelt zu werden. Dieses Rezept gelingt auch mit Radieschenblättern.

Zubereitungszeit: 20 Minuten
Für 2 Personen

- 1 Zwiebel
- 3 gekochte Kartoffeln
- Blätter von 2–3 Rettichen
- 1 EL Öl
- 500 ml Gemüsebrühe (Seite 94 oder gekauft)
- Salz, Pfeffer
- Rettichblätter für die Deko

- Die Zwiebel schälen und würfeln. Die Kartoffeln schälen und in Würfel schneiden. Die Rettichblätter waschen und klein schneiden.
- Das Öl in einem Topf erhitzen und die Zwiebel darin andünsten, bis sie leicht bräunt. Die Kartoffeln zugeben und kurz mitdünsten. Mit der Brühe ablöschen und 5 Minuten köcheln lassen. Die geschnittenen Rettichblätter zugeben und 2 Minuten mitköcheln.
- Die Suppe dann grob pürieren und mit Salz und Pfeffer abschmecken. In zwei Schalen anrichten und mit den Rettichblättern dekoriert servieren. Ca. 2 Tage haltbar.

TIPP: ZU FRÜHEREN ZEITEN KONNTEN SICH NUR VERMÖGENDE MENSCHEN MEDIZIN AUS DER APOTHEKE LEISTEN. RETTICHE GALTEN DAMALS ALS „BAUERNANTIBIOTIKUM“.

MÖHRENGRÜN-PESTO

Die Vitalität einer Möhre ist erkennbar am frischen Grün, das die Rübe wie ein grünes Haarkleid ziert. Oft genug landet das Grün einfach in den Kompost, denn man ist ratlos, was damit anzufangen ist. Wie wäre es mit diesem schnell gemixten Pesto?

Zubereitungszeit: 20 Minuten
Für 2 Schraubgläser (à 120 g)

- 50 g Parmesan am Stück
- 50 g Mandeln
- 100 g Möhrengrün
- 70 ml Olivenöl
- ½ TL Salz
- ¼ TL Pfeffer

Den Parmesan fein reiben, die Mandeln fein hacken. Das Möhrengrün waschen und fein schneiden. (Alternativ alles in einer Küchenmaschine fein zerkleinern.) Käse, Mandeln und Möhrengrün in einen Mixer füllen. Das Olivenöl zugeben und pürieren.

Das Pesto mit Salz und Pfeffer abschmecken und sofort verwenden. Für den Vorrat in zwei sterilisierte Schraubgläser füllen, mit Olivenöl bedecken und im Kühlschrank lagern oder portionsweise tiefkühlen. Gekühlt mehrere Wochen, tiefgekühlt ca. 1 Jahr haltbar.

TIPP: Die Mandeln können ganz oder teilweise durch Pinienkerne, Walnuss-, Haselnuss- oder Sonnenblumenkerne ersetzt werden.

KNUSPRIG GERÖSTETE MÖHRENSCHALEN

Im Backofen verwandeln sich Möhrenschalen in eine originelle Salatzutat. Knusprig geröstet bringen nicht nur Crunch, sondern auch viele Vitalstoffe in den Salat.

Zubereitungszeit: 10 Minuten + 20 Minuten Backen
Für 2 Personen

- 2 TL Öl
- 1 Msp. Salz
- 1 Msp. Pfeffer
- 1 Msp. Paprikapulver
- Schalen von 5 Möhren

Den Backofen auf 180 °C (Umluft) vorheizen, ein Backblech mit Backpapier belegen. Das Öl mit Salz, Pfeffer und Paprikapulver mischen.

Die Möhrenschalen waschen, trocken tupfen und auf dem Backblech verteilen. Mit dem Würzöl bestreichen und im Backofen in 20 Minuten knusprig rösten. Herausnehmen und als Topping auf Salat servieren.

MÖHRENSCHALEN-SMOOTHIE

Möhrenschalen stecken voller Vitamine, Karotinoide und Ballaststoffe. In diesem Smoothie entfalten sie ihre volle Wirkung.

Zubereitungszeit: 15 Minuten
Für 2 Gläser

1 Apfel

Schalen von 5 Möhren

1 Stück Ingwer (1 cm lang)

200 ml Apfelsaft

- Den Apfel waschen, vierteln und nach Belieben entkernen. Die Viertel in grobe Stücke schneiden. Die Möhrenschalen waschen.
- Apfelstücke, Möhrenschalen, Ingwer und Apfelsaft in einen Mixer füllen und cremig pürieren. In zwei Gläser gießen und sofort servieren.

ROTE-BETE-KNETE

Nach dem Garen werden die Roten Beten geschält und zu Salat oder anderen Gerichten verarbeitet. Die Schalen dagegen wandern in den Abfall. Dabei lässt sich daraus eine samtrote Knete für kleine Prinzessinnen und Prinzen zaubern.

Zubereitungszeit: 30 Minuten
Für 600 g

- Schalen von 2–3 Roten Beten
- 300 ml Wasser
- 250 g Mehl
- 90 g Salz
- 2 EL Zitronensäurepulver
- 3 EL Sonnenblumenöl

- Die Rote-Bete-Schalen klein schneiden. Mit dem Wasser in einem Topf aufkochen und 5 Minuten köcheln lassen. Durch ein Sieb abgießen, den Kochsud auffangen und 250 ml abmessen.
- Mehl, Salz und Zitronensäure in einer Schüssel vermischen. Öl und den heißen Rote-Bete-Kochsud mit dem Handrührgerät unterrühren. Den Teig etwas ruhen lassen. Dann erneut durchkneten, bis er weich und geschmeidig ist und sich von der Schüssel löst.
- Die Knete abkühlen lassen und verwenden oder in verschließbaren Boxen aufbewahren. Ca. 1 Jahr haltbar.

ROTE-BETE-EIS

Rote Bete schmeckt süßlich-mild. Mit diesem Aroma passt sie perfekt in eine Eiscreme – und sie zaubert auch gleich noch eine pinkfarbene Tönung ins Eis. Ganz ohne Chemie.

Zubereitungszeit: 20 Minuten + 1 Stunde Frieren
Für 4 Personen

- 50 g Rote-Bete-Reste
- 200 ml Wasser
- 300 g Sahne
- 200 g Joghurt
- 1 Ei, 150 g Honig

Außerdem:

- Eismaschine

- Die Rote-Bete-Reste klein schneiden. Mit dem Wasser in einem Topf aufkochen und abkühlen lassen. Danach durch ein Sieb abgießen, den Kochsud auffangen und 50 ml abmessen.
- Den Kochsud mit Sahne, Joghurt, Ei und Honig in einer Schüssel verrühren. Die Mischung in die Eismaschine füllen und in ca. 1 Stunde cremig fest frieren lassen.
- Das pinkfarbene Eis am besten mit lila Heidelbeersauce servieren. Im Tiefkühlfach ca. 2 Monate haltbar.

TIPP: Keine Eismaschine im Haus? Dann die Eismischung in eine Dose füllen, tiefkühlen und dabei regelmäßig durchrühren.

ROTE BETE KANN
AUCH KAKAOPULVER ERSETZEN.
DAFÜR DIE ROHE KNOLLE RAS-
PELN UND IM OFEN RÖSTEN.
DANN FEIN MAHLEN UND IN
HEIßE MILCH RÜHREN.

KARTOFFEL-GURKEN-BALSAM

Bei der Zubereitung von Bratkartoffeln mit Gurkensalat fallen viele Schalen an. Daraus lässt sich ein nährender Hautbalsam zaubern, denn in und direkt unter der Schale stecken wertvolle Nähr- und Mineralstoffe. Sie spenden Feuchtigkeit und pflegen trockene Hände, Ellbogen und Füße.

Zubereitungszeit: 30 Minuten
Für 2 Salbenbehälter (à 50 g)

- Schalen von 3 Kartoffeln und 1 Gurke
- 100 g Bio-Sonnenblumenöl
- 2 EL Wasser
- 11 g Bienenwachs

- Kartoffel- und Gurkenschalen, Öl und Wasser in einen Mixer füllen und pürieren. Das Püree mit dem Bienenwachs in einem Topf erhitzen und bei mittlerer Hitze 10 Minuten köcheln lassen. Dann handwarm abkühlen lassen.
- Die Mischung durch ein feines Sieb gießen. Den Balsam in zwei Salbenbehälter füllen und fest werden lassen. Erst danach die Deckel aufschrauben. Ca. 1 Jahr haltbar.

TIPP: Am Abend raue Stellen an den Füßen einreiben und Wollsocken anziehen. Am nächsten Morgen sind die Füße babyzart.

KARTOFFELSCHALEN-CHIPS

Kartoffelschalen lassen sich im Handumdrehen in einen leckeren Snack zum Knabbern verwandeln.

Zubereitungszeit: 15 Minuten
Für 1 Schüssel

- frische Kartoffelschalen von 10 Kartoffeln
- Salz
- Paprikapulver
- 2 EL Olivenöl

- Den Backofen 200 °C (Umluft) vorheizen, ein Backblech mit Backpapier belegen. Die Kartoffelschalen mit Olivenöl, Salz und Paprikapulver in eine Schüssel geben und mit den Händen gut vermischen.
- Die Kartoffelschalen auf dem Backblech verteilen und im Ofen in ca. 10 Minuten knusprig rösten. Herausnehmen und am besten frisch servieren.

TIPP: Um den Ölverbrauch zu reduzieren, kannst du mit einer kleinen Öl-Sprühflasche arbeiten. So wird der Ölfilm ganz fein.

KARTOFFELSCHALENBROT

Kartoffeln bringen Feuchtigkeit und würzigen Geschmack in Brot, Brötchen und Kuchen. Das funktioniert auch mit den Kartoffelschalen.

Zubereitungszeit: 30 Minuten
+ 1 Stunde Ruhen
+ 50 Minuten Backen
Für 1 Brot

- 200 g Kartoffelschalen
- 2 TL Olivenöl
- 1 Würfel frische Hefe (42 g)
- 250 ml lauwarmes Wasser
- 60 g Oliven ohne Stein
- 50 ml Olivenöl
- 1 EL Honig
- 1 TL Salz
- 150 g Weizenmehl
- 450 g Dinkelmehl

Außerdem:

- Springform (26–28 cm ∅)

Die Kartoffelschalen in ca. 1 cm große Stücke schneiden. Das Öl in einer Pfanne erhitzen und die Kartoffelschalen darin andünsten. Die Hefe unter Rühren im lauwarmen Wasser auflösen. Die Oliven klein schneiden.

Gedünstete Kartoffelschalen, Hefewasser, Oliven, Honig, Salz und beide Mehlsorten in einer Schüssel verkneten. Den Teig abgedeckt an einem warmen Ort 1 Stunde gehen lassen.

Den Backofen auf 200 °C (Umluft) vorheizen. Den Teig in die Form füllen und im Ofen ca. 50 Minuten backen. Das Brot herausnehmen und auf einem Kuchengitter abkühlen lassen. Ca. 1 Woche haltbar.

NATURSPÜLMITTEL AUS KARTOFFELSCHALEN

Putzmittel ohne Chemie sind einfach herzustellen. Aber Achtung: Obwohl es nur natürliche Zutaten enthält, ist dieses Spülmittel nicht zum Verzehr geeignet!

Zubereitungszeit: 20 Minuten
+ 10 Stunden Ziehen
Für 1 Flasche (1 l)

- frische Kartoffelschalen von 10 Kartoffeln
- 20 frische Efeublätter
- 1 l kochendes Wasser

Kartoffelschalen und Efeublätter klein schneiden und in einen Topf geben. Mit dem kochenden Wasser übergießen, mehrmals umrühren und abkühlen lassen. Die Mischung dann ca. 10 Stunden ziehen lassen.

Danach durch ein Sieb abgießen und in eine Flasche füllen. Vor der Verwendung wieder aufschütteln und pro Abwasch ca. 250 ml Naturspülmittel ins Spülwasser geben. Gekühlt ca. 1 Woche haltbar.

FRISCHE KARTOFFELSCHALEN ENTHALTEN SOLANINSAPONINE. DIESE SEIFENARTIGEN VERBINDUNGEN SCHÄUMEN UND EIGNEN SICH PRIMA ZUM PUTZEN.

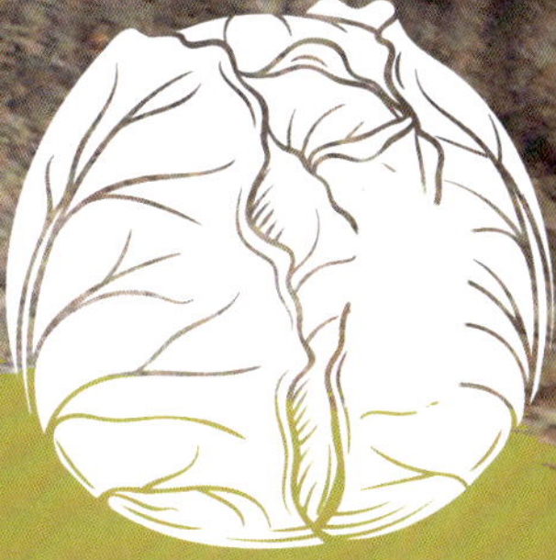

KOHLGEMÜSE

Kohlgemüse ist ein wahres Resteparadies. Die Strünke sind zwar nicht so hübsch und etwas faseriger als die zarten Röschen oder Blättern, aber Geschmack und die Inhaltsstoffe sind darin genauso konzentriert. Also trau dich ran und verarbeite sie zu Rohkost, Salat oder Füllung. Einfach schälen und fein schneiden oder raspeln.

BLAUKRAUT-MUFFINS

Auf einem Party- oder Brunch-Büfett sind diese würzigen Reste-Muffins garantiert der Renner! Sogar Blaukrautreste können attraktiv verarbeitet werden.

Zubereitungszeit: 30 Minuten + 25 Minuten Backen
Für 12 Stück

- 150 g Blaukrautreste
- 1 Zwiebel
- 1 Apfel
- 1 EL Öl
- 100 g Quark
- 1 Ei
- 75 g Mehl
- 1 TL Backpulver
- 60 ml Wasser
- 50 g geriebener Käse
- 1 Prise Salz
- 1 Prise Pfeffer
- 1 Prise Zimtpulver

Außerdem:

- Muffinform mit 12 Mulden
- 12 Muffin-Papierförmchen

Die Blaukrautreste waschen und in feine Streifen schneiden. Die Zwiebel schälen und fein schneiden. Den Apfel waschen, vierteln und entkernen. Die Viertel in kleine Stücke schneiden. Das Öl in einer Pfanne erhitzen, Blaukraut, Zwiebel und Apfel darin andünsten.

Den Backofen auf 180 °C (Umluft) vorheizen, die Papierförmchen in die Mulden der Muffinform setzen. Quark, Ei, Mehl, Backpulver und Wasser zu einem Teig verrühren. Den Teig mit Salz, Pfeffer und Zimt würzen und die Blaukraut-Zwiebel-Apfel-Mischung unterheben.

Den Teig in die Förmchen füllen und im Ofen 25 Minuten backen. Herausnehmen und leicht abkühlen lassen. Die Muffins dann aus der Form lösen und vollständig auskühlen lassen. Ca. 3 Tage haltbar.

BLAUER FARBRAUSCH

Ein Blaukrautkopf ist schon eine Herausforderung! Da bleiben immer einige weniger schöne Außenblätter und der Strunk übrig. Doch aus diesen Resten lassen sich im Nu drei verschiedene Farbbäder für kreative Färbearbeiten zubereiten.

Zubereitungszeit: 30 Minuten
Für je 200 ml Farbe

- 100 g Blaukrautreste (Strunk, äußere Blätter, Abschnitte)
- 1 l Wasser
- 1 TL Zitronensäure
- 1 TL Natron
- weiße Baumwollbänder

- Die Blaukrautreste klein schneiden. Mit dem Wasser in einem Topf aufkochen und 20 Minuten köcheln lassen. Dann durch ein Sieb abgießen.
- Für die drei Farbtöne blau, lila und rot das Kochwasser zu gleichen Teilen auf drei Schüsseln verteilen. In eine Schüssel 1 TL Zitronensäure einrühren, in die zweite Schüssel 1 TL Natron einrühren, dritte Schüssel pur belassen.
- Die Baumwollbänder in die Farblösungen eintauchen und 5 Minuten darin liegen lassen. Dann herausnehmen, aufhängen, trocknen lassen und zu Armbändern flechten. Farblösungen ca. 3 Tage haltbar.

TIPP: Mit den Farblösungen können auch Ostereier gefärbt oder Bilder gemalt werden.

KNUSPRIGE KNABBERBLÄTTER

Auf dem Markt oder im Gemüseladen bekommt man Kohl meist nur als ganzen Kopf. Was aber tun mit den vielen Blättern? Zum Beispiel diesen knusprigen Knabberspaß im Ofen zubereiten.

Zubereitungszeit: 15 Minuten + 8 Stunden Trocknen

Für 4 Personen

- 10 Wirsingblätter
- 1 EL Olivenöl
- 1 EL Erdnussmus (oder Mandelmus)
- 1 Msp. Salz
- 1 TL Paprikapulver

- Die Wirsingblätter waschen, die dicken Mittelrippen entfernen und die Blätter vierteln.
- Olivenöl, Erdnussmus, Salz und Paprikapulver in einer Schüssel zu einer Marinade verrühren. Die Wirsingblätter hineingeben und mit den Händen gut vermischen, bis sie rundum mit Marinade überzogen sind.
- Ein Backblech mit Backfolie oder Backpapier belegen. Die Wirsingblätter darauf verteilen und im Backofen bei 40 °C bis zu 8 Stunden trocknen. Herausnehmen und am besten frisch servieren. In einer Dose mehrere Tage haltbar.

WIRSING-FRITTATA

Frittata ist eine italienische Omelett-Variante und eine köstliche Möglichkeit, um Reste unterzubringen. Noch ein Salat dazu und schon steht eine vollwertige Hauptmahlzeit auf dem Tisch.

Zubereitungszeit: 20 Minuten

Für 4 Personen

- Wirsingreste (4–5 große Blätter)
- 100 g Parmesan am Stück (oder anderer würziger Käse)
- 8 Eier
- 1 TL Salz
- ½ TL Pfeffer
- Olivenöl

- Die Wirsingblätter waschen, die dicken Mittelrippen entfernen und die Blätter in feine Streifen schneiden. Den Parmesan reiben.
- Die Eier in einer Schüssel verquirlen. Wirsingstreifen und Käse unterrühren und die Masse mit Salz und Pfeffer würzen.
- Etwas Öl in einer beschichteten Pfanne erhitzen. Die Eier-Wirsing-Masse hineingeben und zugedeckt ca. 8 Minuten braten. Die Frittata dann wenden und 6 Minuten braten weiterbraten. Warm oder kalt servieren. Ca. 1 Tag haltbar.

WEISSKRAUT SÜSSSAUER

Äußere Blätter, Strunk oder Reste vom Weißkohl verwandeln sich eingelegt in eine süßsaure Köstlichkeit. Das eingelegte Kraut passt zu Raclette, Gebratenem, Kartoffeln oder Reis.

Zubereitungszeit: 30 Minuten
Für 3 Schraubgläser (à 200 ml)

- 500 g Weißkrautreste
- 500 ml Apfelessig
- 500 ml Apfelsaft
- 3 EL Honig
- 2 TL Salz
- 2 TL Senfkörner
- 2 TL Bockshornkleesamen
- 2 TL Currypulver
- 1 TL Chiliflocken

Die Weißkrautreste waschen und klein schneiden. Essig, Apfelsaft, Honig, Salz und Gewürze in einem Topf mischen und aufkochen.

Dann das Weißkraut in den Sud geben und 5 Minuten darin köcheln lassen. Den Kohl samt Sud heiß in drei sterilisierte Schraubgläser füllen und verschließen. Die Gläser kopfüber stellen und abkühlen lassen. Warm oder kalt servieren. Ca. 1 Jahr haltbar.

WEISSKRAUT-SCHINKEN-PFANNKUCHEN

Dieses Rezept ist sehr variabel und lässt sich beliebig vervielfachen. Genau richtig, wenn ungeplant plötzlich einige Esser mehr mit am Tisch sitzen.

Zubereitungszeit: 30 Minuten
Für 4 Personen

- 250 g Mehl
- 2 Eier
- 200 ml Milch
- Salz, Pfeffer
- 200 g Weißkrautreste (Blätter, Strunk)
- 4 EL Öl
- 100 g Schinkenwürfel

Mehl, Eier, Milch, Salz und Pfeffer in einer Schüssel zu einem Teig verrühren. Den Teig kurz quellen lassen.

Inzwischen die Weißkrautreste waschen und in feine Streifen schneiden. In einer Pfanne 1 EL Öl erhitzen. Weißkrautstreifen und Schinkenwürfel darin glasig dünsten. ¾ der Kraut-Schinken-Mischung aus der Pfanne nehmen und beiseitestellen.

Eine Schöpfkelle Teig über das restliche Viertel Kraut-Schinken-Mischung in der Pfanne gießen und ca. 2 Minuten braten. Den Pfannkuchen dann wenden und von der zweiten Seite goldbraun braten. Aus der Pfanne nehmen und warm stellen. Ebenso noch 3 weitere Pfannkuchen braten. Dabei pro Pfannkuchen wieder 1 EL in der Pfanne erhitzen. Ca. 2 Tage haltbar.

BUCHWEIZEN-EINTOPF MIT ROSENKOHL-NUDELN

Buchweizen, das glutenfreie Powerkorn, kann mit verschiedenem Gemüse kombiniert werden. Fein geschnitten entfaltet das Gemüse im Eintopf sein ganzes Aroma.

Zubereitungszeit: 30 Minuten
Für 2 Personen

- ½ Zwiebel
- 1 Knoblauchzehe
- 1 Möhre
- 1 EL Öl
- Salz, Pfeffer
- 1 TL Tomatenmark
- 500 ml Gemüsebrühe (Seite 94 oder gekauft)
- 150 g Buchweizen
- 100 g Rosenkohlstrunk-Nudeln (von 1 Strunk), gegart (s. unten)

Zwiebel und Knoblauch schälen, die Möhre waschen. Alles fein schneiden.

Das Öl in einem Topf erhitzen und das Gemüse darin andünsten. Mit Salz und Pfeffer würzen. Das Tomatenmark einrühren und leicht karamellisieren lassen. Mit der Brühe aufgießen, den Buchweizen zugeben und 15 Minuten köcheln lassen, bis er weich ist. Dabei eventuell noch etwas Wasser zugießen.

Den Eintopf mit Salz und Pfeffer abschmecken und zu den Rosenkohlstrunk-Nudeln servieren. Ca. 2 Tage haltbar.

ROSENKOHLSTRUNK-NUDELN

Der lange Strunk vom Rosenkohl bleibt meist völlig ungenutzt. Dabei lässt er sich ohne viel Aufwand in köstliche Gemüsenudeln verwandeln. Die sind auch bei Kindern sehr beliebt.

Zubereitungszeit: 20 Minuten
Für 2 Personen als Beilage

- 1 Rosenkohlstrunk (ca. 30 cm lang)
- Wasser
- Salz

Außerdem:

- Spiralschneider für Spirelli

Den Rosenkohlstrunk waschen und mit einem Sparschäler dünn schälen. Dann mit dem Spiralschneider in „Nudeln" schneiden.

In einem Topf Wasser aufkochen und salzen. Die Strunknudeln darin ca. 1 Minute blanchieren. Herausnehmen, kalt abspülen und abtropfen lassen. Als Beilage servieren. Ca. 2 Tage haltbar.

ROSENKOHL-PASTETE

In eine Pastete verpackt wird Rosenkohl zu einem köstlichen Hauptgericht. Mit einem frischen Salat wird daraus ein vollwertiges, vegetarisches Gericht.

Zubereitungszeit: 30 Minuten + 40 Minuten Backen
Für 6 Personen

- 400 g Rosenkohl (Reste, geschälter Strunk)
- 1 Zwiebel
- 2 Knoblauchzehen
- 1 EL Öl
- 2 Rollen frischer Blätterteig (à 270 g, aus dem Kühlregal)
- 200 g Crème fraîche
- 2 Eier
- 150 g würziger Hartkäse (z. B. Bergkäse), gerieben
- Salz, Pfeffer
- geriebene Muskatnuss

Außerdem:

- Tarteform oder runde Backform (28 cm ∅)
- Öl für die Form

Die Rosenkohlreste waschen, den Strunk dünn schälen und alles klein schneiden. Zwiebel und Knoblauch schälen und fein würfeln. Das Öl in einer Pfanne erhitzen. Zwiebel und Knoblauch darin glasig dünsten. Dann den Rosenkohl zugeben und weiterdünsten, bis das Gemüse bissfest ist.

Den Backofen auf 180 °C (Umluft) vorheizen. Die Tarteform mit Öl einfetten und mit 1 Rolle Blätterteig auslegen. Die Ränder gut andrücken. Crème fraîche, Eier und Käse in einer Schüssel verrühren. Mit Salz, Pfeffer und Muskatnuss würzen.

Den Rosenkohl auf dem Teigboden verteilen und mit der Crème-fraîche-Mischung übergießen. Mit dem übrigen Blätterteig abdecken und gut andrücken. Die Oberfläche mit einer Gabel mehrmals einstechen, damit der Dampf entweichen kann. Die Pastete im Ofen in 40 Minuten goldbraun backen. Herausnehmen und warm oder kalt servieren. Ca. 3 Tage haltbar.

TIPP: WIE ANDERE GEMÜSENUDELN KANNST DU DIESE ROSENKOHLSTRUNK-NUDELN ZUR ABWECHSLUNG GANZ UNKOMPLIZIERT MIT ETWAS KNOBLAUCH IN ÖL DÜNSTEN.

BLUMENKOHLSTRUNK-SCHNITZEL

Die filigranen Blumenkohlröschen zieren Gemüsegerichte, der Strunk wandert meist in den Müll. Dabei ist er ebenfalls fein und zart, deshalb werden hier leckere Minischnitzel daraus.

Zubereitungszeit: 30 Minuten
Für 2 Personen

- 1 Blumenkohlstrunk
- 2 EL Mehl
- 2 EL Semmelbrösel
- 1 Ei
- Öl zum Braten
- Salz, Pfeffer

- Den Blumenkohlstrunk schälen und quer in ca. 5 mm dicke Scheiben schneiden. Die Scheiben in einem Sieb über Wasserdampf in 5 Minuten weich garen.
- Mehl und Semmelbrösel getrennt in zwei tiefe Teller geben. Das Ei in einem dritten Teller verquirlen. Die Blumenkohlscheiben zuerst im Mehl, dann im Ei und zuletzt in den Semmelbröseln wenden.
- Reichlich Öl in einer Pfanne erhitzen und die Blumenkohlscheiben darin von beiden Seiten knusprig braten. Mit Salz und Pfeffer würzen und servieren. Ca. 2 Tage haltbar.

TIPP: Die Minischnitzel sind auch kalt als Fingerfood für Partys oder als Snack in der Pausenbox ein Genuss.

DIE KNUSPRIGEN MINISCHNITZEL SCHMECKEN BESONDERS KINDERN.

THAI-CURRY MIT BLUMENKOHLSTRUNK

Unter den zarten Röschen verborgen haben Kohlsorten (Blumenkohl, Rosenkohl, Brokkoli) oft einen massiven Strunk. Dieser und die zarten Außenblätter schmecken würzig-scharf und sind ideale Zutaten für ein Thai-Curry.

Zubereitungszeit: 20 Minuten
Für 2 Personen

- Strunk und Blätter von 1 Blumenkohl
- 2 Möhren
- 4 Kartoffeln
- 4 Knoblauchzehen
- 1 EL Öl
- 1 EL Thai-Currypaste
- 300 ml Kokosmilch
- Salz
- 1 TL Gemüsebrühe-Pulver (Instant)

Strunk und Blätter waschen. Faserige Stellen vom Strunk entfernen und den Strunk in ca. 1,5 cm große Würfel schneiden. Die Blätter in feine Streifen schneiden. Die Möhren waschen und in Scheiben schneiden. Die Kartoffeln schälen und in kleine Stücke schneiden. Den Knoblauch schälen und fein würfeln.

Das Öl in einer Pfanne erhitzen und den Knoblauch darin ca. 2 Minuten anbraten. Die Currypaste einrühren, mit Kokosmilch ablöschen und aufkochen. Das geschnittene Gemüse zufügen und mit Salz und Brühepulver abschmecken. Das Curry 15 Minuten köcheln lassen. Mit Reis servieren. Ca. 2 Tage haltbar.

TIPP: Das Curry ist ideal für die Resteverwertung. Nach Belieben darf auch noch Fleisch oder Tofu mit hinein. Einfach zusammen mit dem Gemüse zugeben und garen.

BROKKOLISTRUNK-CARPACCIO

Der Brokkolistrunk ist nur außen etwas faserig. Nach dem Schälen jedoch ist er zart und knackig. Perfekt für ein Rohkost-Carpaccio.

Für 4 Personen
Zubereitungszeit: 15 Minuten + 12 Stunden

- 1 Brokkolistrunk
- 3 Knoblauchzehen
- 2 TL Olivenöl
- Salz, Pfeffer

Den Brokkolistrunk schälen und mit einem Messer quer in sehr feine Scheiben schneiden. Die Scheiben auf einer Platte auslegen.

Den Knoblauch schälen und durch die Knoblauchpresse drücken. Mit dem Öl verrühren und über den Brokkoli träufeln. Das Carpaccio 12 Stunden (am besten über Nacht) durchziehen lassen. Danach mit Salz und Pfeffer bestreuen und servieren. Ca. 3 Tage haltbar.

TIPP: Das Carpaccio lässt sich prima vorbereiten. Mit Brot oder Eiern ist es zum Brunch eine Delikatesse.

BROKKOLISTRUNK-ROHKOSTSALAT

Aus Kohl lassen sich wunderbare rohköstlichen Gerichte zaubern. Mit seinem süßlich-scharfen Geschmack passt Brokkoli besonders gut zu Schafskäse.

Zubereitungszeit: 15 Minuten
Für 2 Personen

- 1 Brokkolistrunk
- 1 EL Zitronensaft
- 1 TL Honig
- 1 Prise Salz
- 1 Prise Pfeffer
- 2 TL Öl
- 1 EL Schafskäse (Feta)
- 1 EL Sonnenblumenkerne

Den Brokkolistrunk schälen und auf der Küchenreibe grob raspeln. Die Raspel mit Zitronensaft, Honig, Salz, Pfeffer und Öl in einer Schüssel gut vermischen.

Schafskäse und Sonnenblumenkerne unterheben und den Salat servieren. Ca. 2 Tage haltbar.

TIPP: Der Rohkostsalat eignet sich auch gut zum Mitnehmen für unterwegs.

BROKKOLI-MONDE

Hübsch zu Halbmonden geformt und in der Pfanne knusprig gebacken erfinden sich Brokkolireste hier ganz neu.

Zubereitungszeit: 30 Minuten
Für 2 Personen

- 200 g Brokkoli (Reste, geschälter Strunk)
- 1 Zwiebel
- 2 Knoblauchzehen
- 4 TL Öl
- Salz
- 4 gekochte Kartoffeln
- 3 EL Mehl
- 1 Ei

- Den Brokkoli waschen und sehr klein schneiden. Zwiebel und Knoblauch schälen und fein würfeln. In einer Pfanne 2 TL Öl erhitzen und das Gemüse darin andünsten. Salzen und beiseitestellen.
- Die Kartoffeln pellen und in eine Schüssel reiben. Mit Mehl und Ei zu einem glatten Teig verkneten. Den Teig auf der Arbeitsfläche ausrollen und mit einem Wasserglas Kreise ausstechen.
- Jeweils 2 TL Brokkolimasse in die Mitte der Kreise setzen und diese zu Halbmonden zusammenklappen. Die Ränder fest zusammendrücken. Die restlichen 2 TL Öl in der Pfanne erhitzen und die Brokkolimonde darin ausbacken. Ca. 2 Tage haltbar.

Brühe

ZWIEBEL-GEMÜSE

Zwiebeln und ihre Verwandten sind für viele Gerichte wichtige Geschmacksgeber. Auch die bräunliche Farbe vieler Saucen nach dem Anbraten rührt von diesem scharfen Gemüse. Wie unersetzlich Zwiebeln & Co. sind, merkt man erst, wenn man darauf verzichten muss, z. B. in der Stillzeit. Ihre wertvollen Inhaltsstoffe stecken auch in Schalen und Resten.

KNOBLAUCHPASTE

Wer kennt das nicht: Man hat zu viel eingekauft oder ist an einem Marktstand im Urlaub schwach geworden. Zu Hause warten dann viele Knoblauchknollen auf ihre Verwendung. Hier eine Idee dafür.

Zubereitungszeit: 30 Minuten
Für 1 Schraubglas (200 g)

- 2 Knoblauchknollen (ca. 20 Zehen)
- 1 TL Zitronensaft
- 2 TL Salz
- 150 g Öl

- Die Knoblauchzehen aus den Knollen lösen und schälen. Mit Zitronensaft und Salz in einen Mörser geben und mit dem Stößel oder einer Gabel zerdrücken.
- Das Öl nach und nach zufügen und alles zu einer Paste verarbeiten. Die Knoblauchpaste in ein sterilisiertes Schraubglas füllen und im Kühlschrank aufbewahren. Ca. 1 Jahr haltbar.

KNOBLAUCH IM TOPF

In einer Knoblauchzehe schlummert riesiges Potenzial! Sobald das erste Grün aus der Zehe sprießt, solltest du es nutzen.

Zubereitungszeit: 10 Minuten
Für 1 Blumentopf

- 1 oder mehrere Knoblauchzehen
- 1 Blumentopf
- Erde

- Den Blumentopf mit Erde füllen. Die Knoblauchzehen ca. 1 cm tief in die Erde drücken und mit Erde bedecken. Regelmäßig gießen.
- Der wachsende grüne Spross kann roh oder gekocht verwendet werden.

TIPP: Für ein wirksames Spritzmittel gegen Blattläuse und die weiße Fliege 3 Knoblauchzehen mit 3 l kochendem Wasser übergießen und ziehen lassen. Dann abgießen und in eine Spritzflasche füllen. Befallene Pflanzen einmal täglich damit besprühen.

IN BEREITS BEPFLANZTE
TÖPFE EINGEBAUT, VERTREIBT DER
KNOBLAUCH SCHÄDLINGE WIE
DIE WEIßE FLIEGE – UND IM
GARTEN IN MÄUSELÖCHER GE-
STECKT SOGAR MÄUSE!

NIX BLEIBT ÜBRIG-GEMÜSEBRÜHE

Eine Brühe ist die ideale Möglichkeit, um Gemüsereste unterzubringen. Sie können auch im Tiefkühlfach gesammelt werden. Diese Brühe ist ein aromatischer Grundstock für Suppen, Saucen und Eintöpfe. Unbedingt dabei sein müssen Zwiebel- oder Lauchreste.

Zubereitungszeit: 1½ Stunden
Für 4 Schraubgläser (à 200 ml)

500 g Gemüsereste (Strünke, Schalen, Abschnitte z. B. von Zwiebel, Frühlingszwiebel, Lauch, Sellerie, Pastinake, Möhre, Fenchel, Spargel, Brokkoli, Kohlrabi, Weißkraut)
2 l Wasser
Salz, Pfeffer

- Die Gemüsereste waschen und in ca. 1 cm große Stücke schneiden. In einen Topf geben und mit dem Wasser bedecken. Aufkochen und zugedeckt 1 Stunde köcheln lassen.
- Danach durch ein Sieb abgießen und die Brühe auffangen. Die Gemüsebrühe nach Belieben mit Salz und Pfeffer würzen und heiß in vier sterilisierte Schraubgläser füllen. Verschließen, abkühlen lassen und im Kühlschrank aufbewahren. Ca. 2 Monate haltbar.

TIPP: Mit der Gemüsebrühe ist ruckzuck eine Suppe zubereitet. Dafür die Brühe erhitzen, feine Suppennudeln 5 Minuten darin garen und heiß servieren.

ZWIEBELSCHALENSUD ZUM EIERFÄRBEN

Ostereier im Vintage Look sind chic – und mit Zwiebelresten ganz einfach zu machen. Die Zwiebelschalen ergeben Farbtöne von goldfarben bis mittelbraun.

Zubereitungszeit: 15 Minuten
Für 1 l

1 Handvoll Zwiebelschalen
1 l Wasser
hart gekochte Eier

- Zwiebelschalen und Wasser in einem Topf aufkochen und handwarm abkühlen lassen. Danach die Zwiebelschalen herausnehmen.
- Die gekochten Eier in den Zwiebelschalensud legen. Im Sud liegen lassen, bis der gewünschte Farbton erreicht ist. Dann herausnehmen und trocken tupfen.

TIPP: Für ein dekoratives Muster ein Netz (z. B. von Zitronen) stramm um das Ei spannen. Das Ei dann ca. 10 Minuten in den Färbesud legen. Herausnehmen und das Netz ablösen.

LAUCH-LACHS-WRAPS

Diese gewickelten Resteverstecke sind ideal zum Mitnehmen. Der Clou: Viel Gesundes passt hinein, aber nichts fällt heraus.

Zubereitungszeit: 30 Minuten
Für 4 Personen

- 100 g Lauchreste
- Öl (nach Belieben)
- 1 EL Frischkäse
- 1 TL Senf
- 1 TL Honig
- 1 Prise Salz
- 1 TL gehackter Dill
- 4 Tortillas (Weizenfladen)
- 4 Blätter Salatreste
- 4 Scheiben Räucherlachs
- frisch gehackte Kräuter zum Bestreuen

- Die Lauchreste waschen. Nach Belieben im Dampf oder in einer Pfanne mit etwas Öl weich dünsten. Frischkäse, Senf, Honig, Salz und Dill zu einem Dressing verrühren.
- Die Tortillas auf die Arbeitsfläche legen und mit zwei Dritteln vom Dressing bestreichen. Den Salat flächig darauf verteilen. Den gegarten Lauch und den Lachs darauflegen.
- Den Lachs mit dem restlichen Dressing bestreichen und mit den Kräutern bestreuen. Die Tortillas aufwickeln und servieren. Ca. 1 Tag haltbar.

GEHEIME SAUCE

Diese Sauce ist echtes Soul Food und eine perfekte Möglichkeit, um Reste unterzubringen.

Zubereitungszeit: 1 ½ Stunden
Für 1 Schraubglas (300 ml)

- 500 g Gemüsereste (z. B. Lauch, Frühlingszwiebel, Knoblauch, Sellerie, Pastinake, Möhre, Fenchel, Brokkoli, Tomate)
- 1 EL Öl
- 1 TL Salz
- 1 TL Pfeffer
- 2 EL Tomatenmark
- 500 ml Gemüsebrühe (Seite 94 oder gekauft)
- 1 TL Honig

- Die Gemüsereste waschen und in ca. 1 cm große Stücke schneiden.
- Das Öl in der Pfanne erhitzen und die Gemüsereste darin anbraten, bis sie leicht bräunen. Mit Salz und Pfeffer würzen und das Tomatenmark unterrühren. Mit der Hälfte der Brühe ablöschen und den Honig einrühren. Aufkochen, dann die restliche Brühe (oder das Bier) zugießen und offen ca. 1 Stunde einköcheln lassen.
- Die Sauce durch ein Sieb abgießen. Heiß in ein sterilisiertes Schraubglas füllen, verschließen und abkühlen lassen. Ca. 1 Jahr haltbar.

TIPP: Mit 250 ml dunklem Bier und 250 ml Gemüsebrühe gelingt eine Sauce, die an feine Sonntagsessen erinnert.

LAUCH IST EIN
IDEALES GEMÜSE FÜR REGROWING.
DAFÜR EINFACH DAS UNTERE ENDE
MIT DEN WURZELN IN EIN WASSER-
GLAS STELLEN. SCHON NACH KURZER
ZEIT TREIBEN NOCH OBEN NEUE
BLÄTTER HERAUS.

KRÄUTER

Kräuter sind wunderbare Zutaten für kalte und warme Gerichte oder auch für Getränke. Die attraktiven, zarten Blättchen werden immer verwendet. Aber was ist mit den Stängeln? Probiere die folgenden Rezepte aus – und nix bleibt übrig.

PETERSILIENBRÖTCHEN

Die Stängel von Kräutern sind weit weniger attraktiv als die Blätter. Man entsorgt sie oft einfach. Leider, denn auch im Stängel sind der volle Geschmack und die wertvollen Inhaltsstoffe enthalten.

Zubereitungszeit: 10 Minuten
+ 35 Minuten Ruhen
+ 20 Minuten Backen
Für 10 Stück

- 1 Würfel frische Hefe (42 g)
- 150 ml lauwarme Milch (oder Wasser)
- 300 g Mehl
- 2 EL fein geschnittene Petersilienstängel
- 1 TL Salz
- 1 TL Zucker
- 75 g Joghurt

Außerdem:

- Mehl zum Arbeiten

- Die Hefe in einer Schüssel unter Rühren in der lauwarmen Milch auflösen und 5 Minuten ruhen lassen.
- Mehl, Petersilie, Salz, Zucker und Joghurt zugeben und gründlich verrühren. Den Teig abgedeckt 30 Minuten an einem warmen Ort gehen lassen.
- Den Ofen auf 180 °C (Umluft) vorheizen, ein Backblech mit Backpapier belegen. Vom Teig mit bemehlten Händen eigroße Stücke abnehmen und in der Hand zu Kugeln formen. Die Kugeln auf das Backblech legen und im Ofen 20 Minuten backen. Die Brötchen herausnehmen und auf einem Kuchengitter abkühlen lassen. Ca. 5 Tage haltbar.

PETERSILIENTEE

Petersilie wird schon seit vielen Hundert Jahren als Heilkraut verwendet. Die Pflanze wirkt entwässernd, krampflösend und hilft bei Heiserkeit.

Zubereitungszeit: 10 Minuten
Für 1 Tasse

- 2 EL fein geschnittene Petersilienstängel
- 200 ml heißes Wasser

- Die Petersilie in einer Tasse mit dem heißen Wasser überbrühen und zugedeckt 10 Minuten ziehen lassen.
- Danach durch ein Sieb abgießen und den Tee in kleinen Schlucken trinken.

ACHTUNG: Den Tee nicht am späten Abend trinken, da er stark entwässernd wirkt. Maximal 2–3 Tassen pro Tag und nicht in der Schwangerschaft trinken. Petersilie in der Schwangerschaft generell nur in kleinen Mengen essen, denn Kraut und Samen enthalten den Wirkstoff Apiol, der wehenfördernd wirkt.

RUCOLASENF

Senf ist in der Küche vielseitig einsetzbar. Warum ihn also nicht selbst machen und genau wissen, was drin ist? Der scharf-würzige Geschmack von Rucola harmoniert wunderbar mit den Senfkörnern.

Zubereitungszeit: 30 Minuten
Für 3 Schraubgläser (à 100 ml)

- 100 g weiße Senfkörner
- 100 ml weißer Balsamico-Essig
- 100 ml Wasser
- 1 Apfel
- 2 EL fein geschnittene Rucolareste
- 1 TL Salz
- 2 EL Honig
- 1 EL Zitronensaft

- Die Senfkörner fein mahlen. Essig und Wasser in einem Topf aufkochen, das Senfmehl zufügen und alles unter Rühren kurz erhitzen. Dann auskühlen lassen.
- Den Apfel schälen und bis auf das Kerngehäuse fein raspeln. Apfel und Rucola zum Senf geben. Mit Salz, Honig und Zitronensaft würzen und gut vermischen. Den Senf in drei sterilisierte Schraubgläser füllen und verschließen. Ca. 1 Jahr haltbar.

RUCOLABUTTER

Im Handumdrehen entsteht aus Rucolaresten diese würzige Kräuterbutter. Sie passt zu Gegrilltem, Ofengemüse, Kartoffelpüree oder Nudeln und verfeinert auch mal eine Suppe.

Zubereitungszeit: 15 Minuten
Für 125 g

- 1–2 EL fein geschnittene Rucolareste
- 125 g weiche Butter
- Salz, Pfeffer

Außerdem:

- kleine Silikonformen

- Rucolareste, Butter, Salz und Pfeffer gut verrühren. Die Rucolabutter in die Silikonformen füllen und ins Tiefkühlfach stellen.
- Sobald die Butter fest, aus den Formen lösen und in verschließbaren Behältern tiefkühlen. Nach Bedarf einzeln entnehmen. Ca. 3 Monate haltbar.

RUCOLA-GNOCCHI

Selbst gemachte Gnocchi schmecken einfach am besten und die Zubereitung ist gar nicht schwer. Anstelle von Rucola kannst du auch mal Bärlauch oder Radieschen- und Rettichblätter verwenden.

Zubereitungszeit: 40 Minuten
Für 2 Personen

- 400 g gekochte Kartoffeln
- 100 g Mehl
- 2 EL fein geschnittene Rucolareste
- 50 g Frischkäse
- 1 Ei
- ½ TL Salz
- 1 Prise geriebene Muskatnuss

Außerdem:

- Mehl zum Arbeiten

- Die Kartoffeln pellen und durch die Kartoffelpresse drücken oder grob reiben. Das Mehl unterheben.
- Den Rucola mit Frischkäse und Ei pürieren und unter die Kartoffelmasse mischen. Mit Salz und Muskatnuss würzen und alles mit bemehlten Händen zu einem Teig verkneten.
- Den Teig auf der bemehlten Arbeitsfläche zu Rollen (2 cm ∅) formen und in 2 cm große Stücke schneiden. Die Stücke mit einer Gabel flach drücken, sodass ein Rillenmuster entsteht.
- Die Gnocchi in leicht siedendem Wasser 6 Minuten ziehen lassen. Herausheben und abtropfen lassen. Mit geschmolzener Butter und geriebenem Parmesan servieren. Ca. 2 Tage haltbar.

BÄRENSTARKER OBATZDA

Was wäre eine Brotzeit ohne Obatzda? Hier kommt die kultige Käsecreme mal ganz kräftig mit Bärlauch daher. Bei der Zubereitung müssen alle Zutaten Raumtemperatur haben, dann gelingt der Aufstrich problemlos.

Zubereitungszeit: 20 Minuten + 1 Stunde Kühlen
Für 400 g

- 50 g Bärlauchstängel und Blattabschnitte
- 1 kleine Zwiebel
- 120 g Camembert
- 200 g Frischkäse
- 40 g Butter
- 1 TL edelsüßes Paprikapulver
- Salz, Pfeffer

- Den Bärlauch waschen und trocken schütteln, die Zwiebel schälen. Beides sehr fein schneiden.
- Camembert, Frischkäse und Butter mit einer Gabel in einer Schüssel zerdrücken. Bärlauch und Zwiebel untermischen. Die Käsecreme mit Salz, Pfeffer und Paprikapulver würzen. Vor dem Servieren ca. 1 Stunde im Kühlschrank durchziehen lassen. Gekühlt ca. 1 Woche haltbar.

TIPP: Dazu passen Brezen oder Salzstangen. Der Obatzda lässt sich auch für ein Picknick einpacken.

BÄRLAUCHTINKTUR

Stängel und Blätter vom Bärlauch enthalten wirksame Inhaltsstoffe für eine Tinktur. Sie ist ein bewährtes Hausmittel gegen Bluthochdruck. Da sie die Ausscheidungen über die Niere anregt, wirkt sie auch blutreinigend.

Zubereitungszeit: 15 Minuten + 4 Wochen Ziehen
Für 4 Tropffläschchen (à 25 ml)

- 2 EL fein geschnittene Bärlauchreste (Stängel, Blätter)
- 100 ml Wodka (oder Doppelkorn)

Außerdem:

- 1 Schraubglas

- Die Bärlauchreste in das Schraubglas füllen. Mit dem Wodka bedecken und an einem hellen Platz 4 Wochen ziehen lassen. Dabei das Glas gelegentlich durchschütteln.
- Die Tinktur danach durch ein Sieb abgießen und in vier braune Tropffläschchen füllen. Ca. 1 Jahr haltbar.

TIPP: Zum Einnehmen ein- bis dreimal täglich 10 Tropfen in ein halbes Glas Wasser träufeln, verrühren und trinken.

EINE TINKTUR IST EIN ALKOHOLISCHER AUSZUG AUS HEILKRÄUTERN. BEIM AUSZIEHEN GEHEN DIE WIRKSTOFFE IN DEN ALKOHOL ÜBER.

BASILIKUMZUCKER

Basilikum im Topf kann man zu jeder Jahreszeit kaufen. Meist verwendet man die großen attraktiven Blätter, die kleineren Blätter und Stängel bleiben übrig. Doch auch sie lassen sich prima verwerten. Noch dazu tut ein radikaler Schnitt der Pflanze gut, sie treibt dann neu aus.

Zubereitungszeit: 15 Minuten + 1 Stunde Trocknen
Für 1 Schraubglas (200 g)

- 1 Handvoll Basilikumstängel und kleine Blätter
- 200 g Zucker
- 1 TL abgeriebene Bio-Zitronenschale

- Das Basilikum waschen und trocken tupfen. Mit Zucker und Zitrone in einem Mixer oder in der Küchenmaschine auf höchster Stufe vermischen.
- Ein Backblech mit Backpapier belegen. Die Basilikum-Zucker-Mischung darauf streichen und im Backofen bei 40 °C ca. 1 Stunde trocknen. Aus dem Ofen nehmen, grob zerbrechen und in ein Schraubglas füllen. Ca. 1 Jahr haltbar.

BASILIKUM-OXYMEL

Oxymel ist ein seit Jahrhunderten in der Volksheilkunde angewandtes Mittel, um die Vitalität zu steigern. Die wohlschmeckende Mischung aus Honig und Essig heißt auch „Sauerhonig". In die heilende Mixtur werden nach Belieben Kräuter, Früchte, Knospen, Blätter oder Wurzeln eingearbeitet.

Zubereitungszeit: 30 Minuten + 1 Stunde Ziehen
Für 1 Flasche (200 ml)

- Stängel und restliche Blätter von 1 Bund Basilikum
- 60 ml Apfelessig
- 100 ml Wasser
- 180 g Honig

- Das Basilikum waschen und trocken schütteln. Essig, Wasser und Honig in einem Mixer gut vermischen. Das Basilikum zugeben, grob pürieren und 1 Stunde ziehen lassen.
- Die Mischung danach durch einen Feinfilter abgießen und in eine sterilisierte Flasche füllen. Den im Filter verbliebenen Schaum mit Wasser verdünnen und trinken. Ca. 1 Jahr haltbar.

TIPP: Zum Einnehmen 2 EL Oxymel in ein Glas (200 ml) geben, mit Wasser aufgießen und trinken.

TIPP: DER HELLGRÜNE ZUCKER HAT EINEN AUßERGEWÖHNLICHEN GESCHMACK UND PASST BESONDERS GUT ZU ERDBEEREN, JOGHURT ODER EIS.

MINZE-INGWER-SIRUP

Der Geschmack von Minze lässt sich in Sirup konservieren. Nach diesem Grundrezept kannst du auch einen Sirup mit Melisse, Lavendel, Thymian oder Rosmarin zubereiten.

Zubereitungszeit: 15 Minuten + 30 Minuten Ziehen
Für 1 Flasche (300 ml)

- 100 ml Wasser
- 100 ml Zitronensaft
- 1 TL abgeriebene Bio-Zitronenschale
- 1 TL geriebener Ingwer
- 200 g Zucker
- 2 EL fein geschnittene Minzereste (Stängel, Blätter)

Wasser, Zitronensaft, Zitronenschale, Ingwer und Zucker in einem Topf aufkochen, bis die Flüssigkeit klar ist. Dann in 10–15 Minuten sirupartig einköcheln lassen.

Die Minzereste in den heißen Sirup geben und 30 Minuten darin ziehen lassen. Den Sirup dann durch ein Sieb abgießen und in eine sterilisierte Flasche füllen. Verschließen und abkühlen lassen. Nach dem Öffnen im Kühlschrank aufbewahren. Ca. 1 Jahr haltbar.

TIPP: Zum Servieren wird der Sirup verdünnt. Ein Teil Sirup mit 9 Teilen Wasser oder Sekt aufgießen.

MINZE TRIFFT APFEL

Mit übrig gebliebenen Stängeln und Blättern der Minze lässt sich Apfelsaft prima aromatisieren. Die Minze gibt dem Saft einen frischen Kick.

Zubereitungszeit: 15 Minuten
Für 1 l

- 2 EL fein geschnittene Minzereste (Stängel, Blätter)
- 500 ml Apfelsaft
- 500 ml Wasser

Die Minzereste in eine Karaffe geben. Mit dem Apfelsaft übergießen und zugedeckt 10 Minuten ziehen lassen.

Die Minze herausnehmen und den Apfelsaft mit dem kalten Wasser aufgießen. Ca. 2 Tage haltbar.

MINZIGER EISTEE

Tee kann man nicht nur aus den attraktiven Blättern zubereiten. Auch die Stängel der Minze stecken voller Aromen und ätherischer Öle. Ein damit zubereiteter Eistee ist ein erfrischender Genuss.

Zubereitungszeit: 15 Minuten
Für 2 Gläser

- 2 EL fein geschnittene Minzereste (Stängel, Blätter)
- 500 ml heißes Wasser
- 1 Bio-Zitrone
- 250 g Eiswürfel
- brauner Zucker zum Süßen

- Die Minzereste in eine Kanne geben. Mit dem heißen Wasser übergießen und zugedeckt 10 Minuten ziehen lassen.
- Inzwischen die Zitrone heiß abwaschen, abtrocknen und in Scheiben schneiden. Mit den Eiswürfeln in eine Karaffe geben.
- Dann den Minzetee durch ein Sieb in die Karaffe gießen. Den Eistee mit braunem Zucker nach Geschmack süßen, in zwei Gläser gießen und servieren.

TIPP: Heute lieber einen klassischen Minzetee? Dann den Tee nach dem Ziehen durch ein Sieb in zwei Teegläser gießen und mit jeweils 1 TL Honig süßen.

LÖWENZAHN-BITTERSALZ

Löwenzahn enthält wertvolle Bitterstoffe, die die Verdauung anregen, aber auch Heißhungerattacken stoppen. Hier werden Löwenzahnreste samt Bitterstoffen in einem vielseitig verwendbaren Salz versteckt.

Zubereitungszeit: 30 Minuten + 1 Stunde Trocknen
Für 1 Schraubglas (200 g)

1 Handvoll frische Löwenzahnreste (ca. 50 g)

200 g Salz (am besten Steinsalz)

- Den Löwenzahn waschen und trocken schütteln. Dann mit dem Salz in einem Mixer oder in der Küchenmaschine sehr fein pürieren.
- Ein Backblech mit Backpapier belegen. Die Löwenzahn-Salz-Mischung darauf streichen und im Backofen bei 40 °C ca. 1 Stunde trocknen.
- Aus dem Ofen nehmen und im Mixer pulverfein zerkleinern. Das Bittersalz in ein Schraubglas füllen und verschließen. Ca. 1 Jahr haltbar.

BRENNNESSELJAUCHE

Brennnessel ist für uns Menschen heimisches Superfood und für die Pflanzen als Jauche eine Nährstoffquelle. Selbst die abgezupften Triebe und Reste haben noch Superkräfte und können als Naturdünger im Garten ausgebracht werden.

Zubereitungszeit: 20 Minuten + 3 Wochen Ziehen
Für 1 Flasche (1 l)

100 g Brennnesselreste (Stängel, Blätter)

1 l Wasser

- Die Brennnesseln klein schneiden und in einen Eimer geben. Mit dem Wasser übergießen, umrühren und offen einige Tage stehen lassen. Nach der Gärung (erkennbar an der Blasenbildung) mit einem Tuch abdecken und weitere 2–3 Wochen stehen lassen.
- Die Mischung danach durch ein Sieb abgießen und in eine Flasche füllen. Ungeöffnet ca. 6 Monate haltbar.

TIPP: Die Brennnesseljauche bei Bedarf im Verhältnis 1:10 mit Wasser verdünnen und als Dünger für Tomaten, Zucchini und andere Pflanzen einsetzen.

BESONDERES

Dieses Kapitel ist besonderen Resten gewidmet. Denn was kann man aus Nussschalen und Artischockenresten schon Interessantes machen? Doch auf der Suche nach geeignetem Naturmaterial habe ich aus Nussschalen die unzerstörbaren Nusskäfer gebastelt. Und erst Geduld bei der Zubereitung entlockt den Artischocken ihre heilenden Wirkstoffe.

ARTISCHOCKENSIRUP

Bei der Zubereitung von Artischocken fällt viel „Bioabfall" an. Doch auch aus Blättern und Stiel entstehen feine Gerichte. Der Grundgeschmack der Artischocke ist süßlich und leicht bitter.

Zubereitungszeit: 45 Minuten
Für 3 Flaschen (à 500 ml)

- rohe Reste von 1 Artischocke (Stiel, Blätter)
- 1 Bio-Zitrone
- 1 l Wasser
- 1 kg Zucker (oder Honig)

- Die Artischockenreste waschen und klein schneiden. Die Zitrone heiß abwaschen, abtrocknen und in Scheiben schneiden. Artischocke, Zitrone und Wasser in einem Topf aufkochen und 15 Minuten köcheln lassen.
- Danach durch ein Sieb abgießen und die Flüssigkeit abwiegen. Mit der gleichen Menge Zucker zurück in den Topf geben, aufkochen und 2 Minuten sprudelnd kochen lassen. Den Sirup heiß in drei sterilisierte Flaschen füllen, verschließen und kopfüber abkühlen lassen. Verschlossen ca. 1 Jahr, nach dem Öffnen im Kühlschrank ca. 2 Wochen haltbar.

TIPP: Zum Servieren ein Glas fingerbreit mit Sirup füllen und mit kaltem Wasser aufgießen. Schmeckt wie Bitter Lemon.

ARTISCHOCKEN-HEILSÜPPCHEN

Artischocken sind eine Delikatesse mit Heilwirkung. Mit etwas Geduld lassen sich den faserigen Blättern und Stielen wertvolle Bitterstoffe entlocken. Sie regen den Stoffwechsel an, entschlacken und tun der Leber gut.

Zubereitungszeit: 45 Minuten
Für 4 Personen

- rohe Reste von 2 Artischocken (Stiele, Blätter)
- 1 Bio-Zitrone
- 1,5 l Wasser
- 1 Zwiebel
- 2 gekochte Kartoffeln
- ½ EL Öl
- Salz
- Pfeffer
- 1 TL Gemüsebrühe-Pulver (Instant)

- Die Artischockenreste waschen, den Stiel klein schneiden. Die Zitrone heiß abwaschen, abtrocknen und in Scheiben schneiden. Alles mit 1 l Wasser in einen Topf geben, aufkochen und 10 Minuten köcheln lassen.
- Danach die Zitronen herausnehmen. Die Artischocken samt Kochsud in einen Mixer füllen und auf höchster Stufe pürieren. Die Mischung durch ein Sieb streichen und die cremige Flüssigkeit auffangen.
- Die Zwiebel schälen und fein würfeln. Die Kartoffeln pellen und in Stücke schneiden. Das Öl in einem Topf erhitzen und die Zwiebel darin andünsten, bis sie leicht bräunt. Mit den übrigen 500 ml Wasser ablöschen. Die Kartoffeln zugeben, mit Salz und Brühepulver würzen und 10 Minuten köcheln lassen.
- Danach die aufgefangene Artischockencreme einrühren. Die Suppe fein pürieren und mit Salz, Pfeffer und Brühepulver abschmecken. Ca. 2 Tage haltbar.

DIE ARTISCHOCKE
ÄHLT ZU DEN „HEILGEMÜSEN".
IHRE BITTERSTOFFE HABEN
NEN POSITIVEN EINFLUSS AUF
STOFFWECHSEL UND LEBER.

NUSSKÄFER

Nussschalen lassen sich sehr kreativ einsetzen. Beim Öffnen der Nüsse musst du darauf achten, dass die beiden Schalenhälften nicht beschädigt werden.

Zubereitungszeit: 30 Minuten

- Schalenhälften von Walnüssen
- rote und schwarze Acrylfarbe
- 2 Pinsel

- Die Schalenhälften bemalen. Für Marienkäfer die Schalen rot bemalen. Kopf und schwarze Tupfen aufmalen.
- Für braune Käfer die Schalen braun lassen. Kopf und Tupfen mit etwas schwarzer Farbe aufmalen. Trocknen lassen.

TIPP: Für das Naturerfahrungsspiel „Tarnung und Warnung“ werden im Gelände entlang eines Wegs genauso viele rote wie braune Käfer versteckt. Dann müssen die Spieler sie suchen. Sie dürfen die Käfer jedoch nicht mitnehmen, sondern die gesichteten roten und braunen Käfer werden gezählt und notiert. Die Spieler werden immer mehr rote als braune Käfer entdecken. Denn braun bedeutet Tarnung, rot dagegen Warnung. Der Marienkäfer warnt also: „Ich bin giftig. Friss mich nicht!“

SCHWIMMKERZEN

Schwimmende Kerzen sind eine schöne Sommerdeko. Besonders hübsch kann man sie in einem Einmachglas in Szene setzen. Dafür das Glas halb mit Wasser füllen, eine Schwimmkerze hineinsetzen und außen eine Blume mit einem Band fixieren.

Zubereitungszeit: 15 Minuten

- Docht
- Wachs (Kerzenreste, ca. 1 TL pro Nusshälfte)
- Schalenhälften von Walnüssen
- Zahnstocher

- Den Docht passend zuschneiden. Das Wachs in einem Topf schmelzen.
- Zuerst mit einem Löffel den Boden der Nussschale mit etwas Wachs ausgießen. Dann den Docht darin fixieren und die Nussschalen komplett mit Wachs füllen. Den Docht mit einem Zahnstocher etwas unterstützen, damit er gerade steht.
- Das Wachs abkühlen und aushärten lassen.

#MACHS-NACHHALTIG-INFOS

Nachhaltigkeit kann vor allem dann praktiziert werden, wenn man weiß, wie es geht. Hier findest du viele praktische Ideen und Tipps zum Nachlesen und Nachmachen.

Restebörse

Sorte	Verwendbar für						
	Antipasto	Suppe	Hauptgericht	Beilage	Süßes	Snack	Aufstrich	Gebäck süß
Äpfel								
Artischocken								
Bananen			x					x
Bärlauch							x	
Basilikum					x			
Blumenkohl	x		x	x				
Brennnessel								
Brokkoli	x		x	x				
Brombeeren								
Erbsen	x		x					
Gurken								
Himbeeren								x
Kartoffeln						x		
Knoblauch								
Kürbis						x	x	
Lauch			x					
Löwenzahn								
Mangold			x	x				
Minze								
Möhren			x	x		x		
Nüsse								
Paprika			x	x			x	
Petersilie							x	
Quitte					x			
Radieschen			x	x		x		
Rettich		x						
Rhabarber				x				
Rosenkohl			x					
Rote Bete					x			
Rotkohl								
Rucola				x			x	
Salat			x	x				
Spargel		x						
Tomaten				x			x	
Wassermelonen				x	x		x	
Weißkohl			x	x				
Wirsing			x			x		
Zitronen					x		x	
Zucchini			x					x
Zwetschgen								x
Zwiebeln		x						

Verwendbar für								
Gebäck pikant	Müslizutat	Aromaessig/ Aromaöl	Getränk	Likör	Gewürz	Natur-heilmittel	Natur-kosmetik	Basteln
		x					x	
			x			x		
x			x					
						x		
			x		x	x		
	x				x			x
			x				x	
	x			x	x			
x							x	x
					x			x
					x			x
					x	x		
			x					
			x					
								x
					x			
x			x			x		
			x			x	x	
						x		
					x		x	
								x
x								x
					x			
					x			
								x
			x					
		x			x			
				x	x			x
					x			x

Rezeptregister

Über die Autorin

Nachhaltig zu leben, soll nicht als strenge Lebensanleitung verstanden werden. Dabei darf die Freude im Vordergrund stehen, mit eigenem Handeln einen großen Beitrag für die Umwelt und die Zukunft unseres Planeten zu leisten. Wir haben es selbst in der Hand, unseren „ökologischen Fußabdruck“ klein zu halten.
Wenn ich meinen Beruf beschreiben soll, ist er mit dem Begriff „Bildung für nachhaltige Entwicklung“ am besten erklärt. Ich vermittle Naturwissen und lehre, die Natur mit allen Sinnen zu begreifen. Umweltpädagogik für Schulen, Naturerlebnisse für alle Altersstufen, Naturreisen, Kräuterkurse, Heilpflanzenwissen – alles gehört zusammen.
Ziel ist es, große und kleine Menschen in der Natur zum Staunen zu bringen. Denn nur was man liebt, schätzt und schützt man. Dieses Buch ist ein Spiegel des respektvollen Umgangs mit Obst und Gemüse in der Küche. Es ist gelebte Nachhaltigkeit! So koche ich für meine Familie und meine Kurse – und nix bleibt übrig!
www.nahtour.info

Dank

Viele Ideen für dieses Buch sind inspiriert vom sparsamen Haushalten meiner Oma und meiner Eltern. 1916 geboren, hat meine Großmutter Zeiten erlebt, in denen Lebensmittel sehr knapp waren. Es war überlebensnotwendig, alles zu verwerten und nichts zu verschwenden. Doch es war auch eine kreative Zeit, in der aus wenigen Zutaten komplette Gerichte zubereitet wurden. Und es war selbstverständlich, alle Teile einer Pflanze zu verwerten.
Ich habe genau zugehört, wenn sie von früher erzählt hat. Und somit ist ihr mein Dank gewidmet.
Liebevoll zubereitetes Essen mit guten Zutaten gehört nicht in die Tonne. Wenn man zu viel gekocht hat, isst man es am nächsten Tag oder friert es ein. Oder man zaubert aus den Resten etwas Neues. Das ist heute so aktuell wie damals.
Auch meine große Familie hat bei den kreativen Ideen für dieses Buch kräftig mitgewirkt, alles wurde ausprobiert, getestet und bewertet. Wir leben Nachhaltigkeit, darauf bin ich stolz. Danke an meinen lieben Mann Dieter, der immer bereit ist, neue Ideen mit mir durchzudenken. Ein großes Dankeschön geht auch an meine Kinder Marlene, Josefa, Antonia und Sebastian für die ehrlichen Kommentare, die das eine oder andere Rezept beeinflusst haben.

Zum Weiterlesen

Göppert, Melanie: Zero Waste Kosmetik, Verlag Eugen Ulmer 2020

Hoffmann, Sophia: Zero Waste Küche, ZS Verlag 2019

Kern, Esther & Haag, Pascal & Müller, Sylvan: Leaf to Root: Gemüse essen vom Blatt bis zur Wurzel, AT Verlag 2016

Kreihe, Susann: Die ganze Pflanze: 60 Zero-Waste-Rezepte mit Blatt, Schale, Strunk und Stiel, Christian Verlag München 2021

Lepple, Annette: Genießen statt Gießen, Verlag Eugen Ulmer, 2. Auflage 2020

Lorey, Heidi: Gemüse und Blumen aus eigenem Saatgut: Samen vermehren und erhalten, Verlag Eugen Ulmer 2017

Nedoma, Gabriela: Das große Buch vom Oxymel, Aesculus Verlag 2019

Nedoma, Gabriela: Biokosmetik, Jan Thorbecke Verlag 2015

Nedoma, Gabriela & Hirsch, Sigrid: Vegane Kosmetik, Freya Verlag 2016

Raupach, Melissa & Lill, Felix: Regrow your veggies: Gemüsereste endlos nachwachsen lassen, Verlag Eugen Ulmer, 2. Auflage 2022

Schwarzer, Elke: Meise mag Melisse, Verlag Eugen Ulmer 2020

Weidenweber, Christine: Gemüse ernten ohne Gießen, Verlag Eugen Ulmer 2021

Wirf mich nicht weg – Das Lebensmittelsparbuch: Mehr als 333 nachhaltige Rezepte und Ideen gegen Lebensmittelverschwendung, smarticular Verlag 2020

Wohlleben, Miriam & Wohlleben, Peter: Wohllebens Anleitung für Selbstversorger, Verlag Eugen Ulmer, 3. Auflage 2021

Im Netz

www.die-nachwachsende-produktwelt.de
Zusammenstellung von Produkten aus nachwachsenden Rohstoffen, sortiert nach Kategorien

www.leaf-to-root.com
Viele Rezepte zu den „Resten" sowie Adressen von Landwirten und Gemüsehändlern, die auf Nachfrage auch spezielle Gemüseteile ernten

www.mundraub.org
Kostenlose Web-App mit Karte, auf der Nutzer wilde oder herrenlose Obstbäume, Beeren, Nüsse und Kräuter eintragen und einsehen können

www.nahtour.info
Homepage der Autorin mit Terminen für Natur-Weiterbildungen, Exkursionen, Kräuterreisen und anderen interessanten Informationen

www.toogoodtogo.de und *Too Good To Go* (App)
Essen retten, eine App gegen Lebensmittelverschwendung

www.utopia.de/ratgeber/leaf-to-root-rezepte-und-tipps-fuer-das-zero-waste-konzept
Rezepte und Tipps für das Zero-Waste-Konzept

www.verbraucherzentrale.de
Informationen und wissenschaftliche Informationen zu Lebensmitteln, hier kann man auch alles über Avocadokerne und Bananenschalen nachlesen

www.zero-waste-deutschland.de
Tipps zum Leben ohne Plastik, nachhaltige Produkte

Das Naturspiel von Michaela Marx

Das Wilde Pflanzen Bingo ist ein wunderschönes, pädagogisch wertvolles Naturspiel. Zu zweit oder auch zu zwanzigst können in mehreren Varianten die verschiedensten Blumen kennengelernt werden, während man dabei jede Menge Spaß hat!
Das Spiel kann direkt bei Michaela Marx unter post@nahtour.info bestellt werden.

Wildes Pflanzen Bingo. Michaela Marx.
1 großer Spielplan, 20 Spielkarten, 64 Spielplättchen,
340 Bienenplättchen und eine Spielanleitung im Karton.
2–21 Personen, ab 8 Jahren. 64,90€

In der Spielebox enthalten

ein großer Spielplan

20 Spielkarten

ein Säckchen mit
64 Spielplättchen

340 Bienenplättchen

eine Spielanleitung
mit Kurztexten

Bildnachweis:

Alle Fotos, auch das Titelfoto und die Bilder auf den Klappen, stammen von Heike Schmidt-Röger.
Das Geschenk-Icon stammt von eViola / Shutterstock.com.
Alle weiteren Icons stammen von Victoria Sergeeva / Shutterstock.com.
Das Cover und der Inhalt des Pflanzen Bingos und die Autorenfotos stammen von der Autorin.

Impressum:

Die in diesem Buch enthaltenen Empfehlungen und Angaben sind von der Autorin mit größter Sorgfalt zusammengestellt und geprüft worden. Eine Garantie für die Richtigkeit der Angaben kann aber nicht gegeben werden. Autorin und Verlag übernehmen keine Haftung für Schäden und Unfälle. Bitte setzen Sie bei der Anwendung der in diesem Buch enthaltenen Empfehlungen Ihr persönliches Urteilsvermögen ein. Der Verlag Eugen Ulmer ist nicht verantwortlich für die Inhalte der im Buch genannten Websites.

Anmerkung zur Schreibweise (Gendering): Gendergerechtigkeit und Inklusion sind bei uns gelebte Praxis – bei der Auswahl unserer Themen, bei der Recherchearbeit, in der Gestaltung. Unsere Texte meinen alle. Damit unsere Inhalte jedoch gut lesbar bleiben, verzichten wir in diesem Werk auf die jeweilige Mehrfachnennung oder Anpassung der Schreibweise bestimmter Bezeichnungen an die weibliche, männliche oder diverse Form.

Bibliografische Information der Deutschen Nationalbibliothek
Die Deutsche Nationalbibliothek verzeichnet diese Publikation in der Deutschen Nationalbibliografie; detaillierte bibliografische Daten sind im Internet über http://dnb.d-nb.de abrufbar.

Das Werk einschließlich aller seiner Teile ist urheberrechtlich geschützt. Jede Verwertung außerhalb der engen Grenzen des Urheberrechtsgesetzes ist ohne Zustimmung des Verlages unzulässig und strafbar. Das gilt insbesondere für Vervielfältigungen, Übersetzungen, Mikroverfilmungen und die Einspeicherung und Verarbeitung in elektronischen Systemen.

© 2022 Eugen Ulmer KG
Wollgrasweg 41, 70599 Stuttgart (Hohenheim)
E-Mail: info@ulmer.de
Internet: www.ulmer.de
Konzept: Christine Hutschenreuther
Projektleitung: Jennifer Zajonz
Lektorat: Petra Teetz
Herstellung: Katharina Merz
Reihen- und Umschlaggestaltung: Michaela Mayländer, Stuttgart, www.sistermic.de
Satz: Katja von Ruville, Frankfurt a. M.
Reproduktion: time:ray, Jettingen
Druck und Bindung: Pustet, Regensburg
Printed in Germany

FSC www.fsc.org MIX Papier aus verantwortungsvollen Quellen FSC® C014889

ISBN 978-3-8186-1515-4